民族地区特色小城镇核心竞争力研究

刘阿丽 著

中国纺织出版社有限公司

图书在版编目（CIP）数据

民族地区特色小城镇核心竞争力研究 / 刘阿丽著
. --北京：中国纺织出版社有限公司，2023.2
ISBN 978-7-5229-0279-1

Ⅰ.①民… Ⅱ.①刘… Ⅲ.①民族地区－小城镇－城市建设－研究－中国 Ⅳ.①F299.27

中国版本图书馆CIP数据核字（2022）第254640号

责任编辑：郭　婷　　责任校对：寇晨晨　　责任印制：储志伟

中国纺织出版社有限公司出版发行
地址：北京市朝阳区百子湾东里A407号楼　邮政编码：100124
销售电话：010—67004422　传真：010—87155801
http://www.c-textilep.com
中国纺织出版社天猫旗舰店
官方微博 http://weibo.com/2119887771
三河市延风印装有限公司印刷　各地新华书店经销
2023年2月第1版第1次印刷
开本：710×1000　1/16　印张：10
字数：140千字　定价：69.00元

前 言

改革开放至今，我国城镇化水平不断提高，城镇化率由1978年的17.92%提升至2021年的63.89%，突破60%大关，成就瞩目。自党的十八大提出要走“中国特色新型城镇化道路”起，我国城镇化进程就开始步入以人为本、质量与规模并重的发展新时代，其工作重点亦由“高速与规模”向“质量与品质”转变。如何提升城镇化发展质量、如何完善城镇化空间布局等论题成为我国当前城镇化研究的新热点。在这样的经济社会发展条件下，立足于促进城市城镇协调联动、特色化发展的特色小城镇作为城乡融合发展的新功能载体应运而生。2021年3月，《中华人民共和国国民经济和社会发展第十四个五年规划和2035年远景目标纲要》提出了“按照区位条件、资源禀赋和发展基础，因地制宜发展小城镇，促进特色小镇规范健康发展”的特色小城镇发展新定位，为特色小城镇的建设发展提供了政策保障。就实践层面而言，随着近年来各地各级政府对特色小城镇建设部署的不断加强，特色小城镇的数量规模也不断扩大，成为各地城镇化建设进程中的重要力量。民族地区具有丰富的文化与生态资源，建设文旅特色小城镇的资源禀赋优势突出。同时，民族地区是我国城镇化建设的薄弱区域，拥有较强人口吸纳能力的大城市较少。因而，于民族地区城镇化发展而言，特色小城镇的建设发展至关重要，是民族地区促进城乡融合发展实现新型城镇化的重要抓手。近年来，随着民族地区特色小城镇培育工作的逐步推进，特色小城镇建设规模不断扩大，先后涌现出一批文化特色与产业发展兼顾的民族特色小城镇，舒缓了民族地区乃至全国大中城市经济快速增长的人口、环境压力，成为促进民族地区经济社会发展的新思路、新方法。然而，与建设经验较为成熟的发达地区相比，民族地区的特色小镇建设仍存在诸多问题，民族地区经济社会发展相较薄弱的现实基础也给特色小镇建设带来了一定挑战，生态的脆弱性、产业的弱质性、文化的异质性等社会特性都会对民族地区特色小城镇的建设质量及核心竞争力产生深远影响。因此，需要重新审视经济欠发达的民族地区在特色小城镇培育中所要面临的问题，尝试深化与完善民族地区特色小城镇的研究内容，以期实现民族地区特色小城镇核心竞争力的培育发展进而为民族地区经济发展注入新动力。

本书聚焦于民族地区特色小城镇核心竞争力这一研究对象，选择广西桂林恭城瑶族自治县莲花镇和贵州省黔东南州雷山县西江镇为案例点，在核心竞争力理论、价值链相关理论、新型城镇化理论等理论的指导下，基于实地调研、问卷调查、统计数据和相关文献资料，主要运用文献资料法、田野调查法、比较研究法，围绕“影响民族地区特色小城镇核心竞争力的因素有哪些、如何构建民族地区特色小城镇核心竞争力要素分析框架、如何培育民族地区特色小城镇核心竞争力”等相关问题，依据“提出问题—分析问题—解决问题”的基本思路对民族地区特色小城镇核心竞争力进行研究。

本书共分六章，第一章为民族地区特色小城镇的相关概念、理论基础研究。第二章简要概述了我国特色小城镇的发展历程及整体概况和民族地区特色小城镇的功能与作用，对培育民族地区特色小镇核心竞争力的必要性进行论证。第三章是本书的核心部分之一，对民族地区特色小城镇核心竞争力要素进行了分析。根据价值链理论与旅游目的地价值链理论，结合民族地区特色小镇的典型特点，参考“核心六因素联动模型”和“TDC 五因素模型”，构造出适用于民族地区特色小城镇的价值链模型，并分析构成民族地区特色小镇价值链的主要活动和辅助活动，提出了影响民族地区特色小城镇核心竞争力的 RCTS 四因素模型，分别是资源管理力、核心吸引力、小镇管理力、支持保障力。第四章是基于田野调查的案例实证检验。通过对广西桂林市恭城县莲花镇和贵州黔东南州雷山县西江镇进行系统的核心竞争力比较，分析两地在培育核心竞争力过程中面临的共性、个性问题，以此找出核心竞争力不足的症结所在，并就其存在的共性问题进行解决探讨，以期为民族地区特色小城镇建设提供参考借鉴。第五章对提升民族地区特色小城镇核心竞争力的总体思路、保障机制和对策建议进行了系统阐述。基于民族地区特色小城镇核心竞争力培育的目标、原则，在提出“强化要素支撑，构建‘一体两翼’保障体系；协调多元利益，注重政府—市场—社会多主体联动发展；推进科学管理服务和城镇对口帮扶机制；不断优化和完善评估体系和风险防范机制”保障机制的基础上，针对民族地区特色小城镇核心竞争力培育的问题提出相关对策建议。第六章为结论与展望。

本书初步探讨了民族地区特色小城镇核心竞争力培育的相关问题。由于笔者水平有限，书中内容必然有许多值得商榷之处，书中的错误和不当之处在所难免，恳请各位专家、学者、读者批评指正。

著者

2022 年 5 月

目录

第一章　民族地区特色小城镇研究

一、相关概念

（一）民族地区

就一般意义而言，民族地区一般指包括5个少数民族自治区和少数民族分布集中的贵州、云南和青海三省；从严格意义来说，所有的民族自治地方，包括民族自治区、自治县等民族自治地方行政区划。根据《2019年中国民族统计年鉴》的统计，包括5个省级行政区划单位（内蒙古自治区、广西壮族自治区、宁夏回族自治区、西藏自治区、新疆维吾尔自治区）；地级行政区划单位总计77个，其中有33个地级市，30个自治州，11个地区，3个盟。具体为，内蒙古12个（9个地级市、3个盟）、吉林1个自治州、湖北1个自治州、湖南1个自治州、广西14个地级市、四川3个自治州、贵州3个自治州、云南8个自治州、西藏7个（3个地级市、4个地区）、甘肃2个自治州、青海6个自治州、宁夏5个地级市、新疆14个（2个地级市、7个地区、5个自治州）；县级行政区划单位总计707个，其中有81个市辖区、74个县级市、383个县、49个旗、117个自治县、3个自治旗，分布在20个省级行政区划单位中[1]。民族地区的一般特点是：地域广大，人口较为稀少；物产资源丰富；大多位于我国边

[1] 张志刚，刘爱华. 2019年中国民族统计年鉴，主编单位：国家民族事务委员会经济发展司；国家统计局国民经济综合统计司，2020.7.

疆国防要冲之地，国防战略地位突出。生活在同一国土、同一制度、同一文化等认同下的各族人民，通常因其所处区域性经济文化类型不同，所处方位（或区域）自然地理条件不同，决策者的政策与资金倾斜度不同，多因素下经济发展速度不同，因而不同区域内的各族人民，其实际生活的感受和反差度很大。

（二）特色小城镇

我国“特色小镇”起源于浙江，因浙江的发展较好且具备自身特色，因而引起了国家层面重视，2016年7月1日，由住房城乡建设部、国家发展改革委、财政部三部委联合发出《关于开展特色小镇培育工作的通知》指出计划到2020年内培育1000个各特色鲜明、类型多样、功能齐全的特色小镇。小镇特色鲜明，功能突出，囊括休闲旅游、贸易物流、教育技术、传统文化等宜居宜游宜业多元功能，由此引领带动全国小城镇的建设发展，进而不断提高城镇化建设水平和发展质量。此后，国家发展改革委分别于2016年、2017年公布了两批共计403个国家级特色小镇。但随着特色小镇建设进程的火速推进，各地竞相创建，创建过程中不断出现特色小镇定义不明、概念不清、界限混淆等问题，导致全国各地的“特色小镇”建设出现无序混乱状态。更有假借创建特色小镇之名，行房地产交易之实的“挂羊头卖狗肉”现象，严重扰乱了特色小镇创建培育秩序。基于此，国家发展改革委联合国土资源部、环境保护部等相关部门于2017年发布《关于规范推进特色小镇和特色小城镇建设的若干意见》明确将“特色小镇”和“特色小城镇”进行区别定义。特色小镇是区别于行政建制镇和创业园区的创新创业平台即“非区非镇”，是区别于行政区划的“经济区域”概念，其区域范围常为几平方公里，是特色产业的集聚之地，是生产生活生态空间的融合；而特色小城镇面积较大，是拥有几十平方公里土地且具有一定的人口经济规模的行政建制镇。此外，2018年为规范特色小镇的创建培育管理工作，国家发展改革委还将原来已公布的403个国家级特色小镇，用“特色小城镇”对“特色小镇”

进行更名替代。

通过2016年至2020年有关部门发布的关于“特色小镇”和“特色小城镇”方面相关政策和文件的查阅，亦可以发现关于特色小（城）镇建设方面的相关政策文件关键词、政策术语也从“培育”“保持”“规范”“推进”转变为“建立高质量发展机制”等，说明我国特色小城镇定义更加明确，建设理念更趋理性，建设培育过程趋于规范。

特色小镇和特色小城镇既有相同点也有一定的区别：

二者相同点：均具有一定的人口经济发展规模，产业特色鲜明，均是围绕乡村振兴总目标，即“产业兴旺、生态宜居、乡风文明、治理有效、生活富裕”进行建设，均要统筹“生产、生态、生活”建设，是具有发展活力、鲜明特色、产业带动、美丽宜居的小（城）镇。

而在我国发达地区特色小镇与特色小城镇是有严格区别的。如杭州西湖区为发展信息经济和智慧经济，因产业发展和集聚逐渐聚集了诸如“阿里云”产业而形成类似云栖特色小镇的新型创业平台。此种小镇与传统的行政建制镇不同，其形成发展原因常是“产业集聚”。而像以浙江省诸暨大唐袜艺小镇、江苏苏州苏绣小镇为代表的一些行政建制镇因特色产业而闻名的这类小镇则称为特色小城镇。因而，在我国发达地区，特色小镇和特色小城镇的“一字之差”充分表现了现实中存在的差异。

但是，与之相反的是，在我国经济相较欠发达的民族地区，特色小镇与特色小城镇却在概念上高度重合，均是行政建制镇。如广西贺州市八步区贺街镇、云南大理白族自治州喜州镇和本研究中两个案例点：广西桂林市恭城县莲花镇和贵州黔东南州西江镇。此时“特色小镇”与“特色小城镇”这两种表述方式高度重合，体现的内涵高度一致，意思也是相同的。

二者区别：2018年，国家发展改革委办公厅发布的《关于建立特色小镇和特色小城镇高质量发展机制的通知》进一步明确了两者在面积范围、创建指标和是否建制镇及侧重点等方面的区别。详见下页表。

表　特色小镇与特色小城镇的区别

类　别	特色小镇	特色小城镇
创建指标方面	宜业、宜居、宜游	经济发展、公共服务、绿色生态
范围方面	范围较小，通常为几平方公里土地；是特色产业的集聚，也是生产生活生态空间的融合，是“非镇非区”的创新创业平台	范围较大，拥有几十平方公里以上土地，拥有较大的人口经济规模和鲜明的特色产业，为行政建制镇
建制差异	“非镇非区”，相异于行政区划单元和产业园区，是创新创业的发展平台，空间范围较为模糊	特色小城镇是行政建制镇，居于城乡地域中的重要地位。资源优势、经济规模、产业集聚发展优越。且文化突出，表现在建筑特色、历史文化等方面
作用差别	新型城镇化的重要抓手；创新创业新平台；产业集聚新空间；人口集聚重要地	通常为建制镇；属于“城市之末、农村之首”，是城乡过渡的主体和代表；沟通区域经济的桥梁和纽带；国家新型城镇化战略的重要组成部分
侧重点差别	强调经济性、产业性，更注重特色产业的发展和资源的异质性开发	更注重公共性、社会性，体现于基础设施、居民公共服务平等化等方面
代表性案例	云栖小镇（云计算、大数据），梦想小镇（创新创业）等	西江苗寨小镇、莫干山民国小镇、莲都古堰画乡小镇等

民族地区特色小城镇指的是由国家住房城乡建设部、国家发展改革委以及财政部先后认定的特色小镇（第一批127个和第二批276个）和各民族地区依据国家相关文件精神认定的特色小城镇。这些民族地区特色小城镇在凸显自身建筑风格特色、地域文化特色和产业文化特色的基础上加入当地民族特色，是有着特色鲜明产业、灵活多样的体制机制、浓厚深蕴的人文气息、优美健康的生态环境等多种功能叠加的特色建制镇。

（三）核心竞争力

核心竞争力这一概念起源于企业管理领域，最早见于《公司的核心竞争力》一文，由美国学者普拉哈拉德（Prahalad）与哈默（Gary Hamel）于

20世纪90年代提出，他们指出包含了市场沟通能力、质量保障能力、技术创新能力三种类型的企业核心竞争力是“企业持续竞争优势之源”。并指出核心竞争力由资源、知识以及能力三种要素构成，同时这种三要素还需要具备不可替代的独特优势。[1]

核心竞争力特色小镇实现可持续发展和获得比较优势的重要因素，既无实物实体，又区别于有形资产，不似有形资产那样会随着时间的推移而减少，反而会在不断应用与共享之中得到增强。然而，核心竞争力不是固然生成和天生自带的，需要现代企业等主体在实践发展中将其识别并加以培育，以创造持续的竞争优势，在特色小城镇建设中亦是如此。核心竞争力的培育是企业业务向好向良发展的重要力量，利于现有业务的更好结合，也是新业务发展的驱动力。企业的多元化经营和新市场的拓展发展不仅需要依靠市场吸引力，也要以核心竞争力为指导依据，由此拓展市场业务，获得持续的竞争优势。

本研究将民族地区特色小镇核心竞争力的培育看作是一个包含多重要素的复杂整体，是在特色小城镇系统的基础上产生的，是基于小镇发展，在一定的时间、空间范围内，通过主动改进小镇发展所依托的社会、经济、文化、制度和环境等，优化整合各类资源，是小镇更强劲、更持续的经济发展能力。

二、理论基础

(一) 核心竞争力理论

1. 竞争力相关理论

在新时代市场经济发展背景之下，竞争存在于各个领域，尤其体现

[1] 陈静宇，张立强. 企业持续竞争优势的决定及企业核心竞争力的源泉 [J]. 中央财经大学学报，2007(5)：75-80.

在政治、军事、体育产业、商业等多个领域。古典经济学时期是可追溯到的竞争力萌芽的最早时期。1776年，亚当·斯密提出的劳动分工理论，指出企业可以通过分工协作的方式实现生产效率的提升，进而有效降低生产成本，抢占更多的市场发展空间；1817年，大卫·李嘉图比较优势理论的提出，也指出不同区域的生产要素如劳动力、自然资源、资本也存在着显著差异，这种差异能促进生产的分工与专业化，如果某一区域的某种生产要素具有独特优势，那么这种优势能吸引更多的投资或消费，从而促进该区域保持向好发展的竞争能力；此后，这类比较优势理论、竞争力理论等被归纳为竞争力的资源优势理论。此外，剑桥学派的代表人物阿尔弗雷得·马歇尔于1920年提出的“企业内在成长论”、安蒂斯·潘罗斯提出的“企业内部知识积累”、查理德森提出的“组织间协调”等都为竞争力理论的形成与完善做出了重要贡献。

此后，更多的学者关注到竞争力研究领域，并做出相应研究。1933年，张伯伦与罗宾逊夫人在不完全竞争理论中提到企业异质和产品差别的思想，认为企业的异质性是企业竞争力的重要来源之一，企业竞争力研究的本质上实则是对企业差异性的深入探索。这一理念为企业竞争力理论的形成提供了可能。1934年，美国经济学家熊彼特在其著作《经济发展理论》着重阐述了“创新理论”，认为创新作为生产要素和生产条件重新组合后的产物。可以通过应用新技术、开创市场新需求、创建新企业组织、引进新产品、创新理论等方法实现现代企业的创新。此种创新理论是企业异质思想的外延，是基于企业内部结构探讨企业竞争力的重要理论之一。

竞争力理论体系的正式形成以20世纪80年代波特教授三部经典著作《竞争战略》《竞争优势》《国家竞争优势》的问世为标志。在这三部著作中，波特创新提出了包含产业领域的竞争力量、基本竞争策略等，建立了相对完善的竞争力理论和分析框架。波特提出的价值链概念，创新地将企业增值过程看作是一系列相互独立又相互关联的“价值增值”活动。总体来看，波特的竞争力理论成了此后产业发展、企业发展以及国家战略选择的重要依据，具有较为深远的影响力。但是由于波特的竞争力理论对企业内部结构的研究较为浅显，因而对长期战略的适用性较差。

2. 核心竞争力相关理论

随着竞争力理论研究的不断深入和优化完善，相关学者在竞争力概念的基础上，逐步演化出核心竞争力的概念。美国学者普拉哈拉德与哈默在提出核心竞争力概念的同时指出了核心竞争力之于企业发展的价值，认为企业核心竞争力是企业竞争优势的来源。并指出核心竞争力由资源、知识以及能力三种要素构成，同时这三种要素还需要具备不可替代的独特优势。此后，随着研究的不断深入，核心竞争力的相关研究越来越得到学者们的关注，其相关理论也得到进一步完善。Meyer 与 Utterback 通过对企业核心竞争力的重构和分解，将核心竞争力重构为三要素，并将其分解为营销能力、生产能力以及研发能力；Lenard-Barton 则认为企业核心竞争力的关键在于知识积累，具体是指企业所具有的不可复制、可持续竞争力的知识信息；Prahalad（1993）、Coombs（1996）、科因（1997）等认为核心竞争力是一系列不可复制因素的组合，包括技术创新、执行能力、洞察力、管理能力等多种因素的组合；Klein、Gee、Jones（1997）则将核心竞争力定义为企业所有的各种技能相互联结而成的网络结构。

与竞争力相似的是，核心竞争力同样也是通过比较而获得的能力，两者的差异主要体现在特殊性上。核心竞争力是企业、产业或某一区域在参与竞选时，体现出的某种特殊的能力，此种能力表现为核心技术的获得或先进管理模式、或文化传统等。同时，核心竞争力也可以表现为是一种静态的资源，例如区位优势、自然禀赋优势、政策环境优势，与竞争力相似的是，核心竞争力也是通过多要素来衡量，它比一般意义上的竞争力隐蔽，难以在短时间内获取或效仿。因而，从某种意义看，核心竞争力可以视为一种难以被效仿的竞争力，是企业、产业或某一区域竞争优势的来源，是其区别于其他的重要因素。尤其在工商业领域，企业在行业竞争中生存的关键在于提升核心竞争力，核心竞争力强的企业能在一定程度上实现市场垄断。例如法国零售巨头沃尔玛，之所以能在零售市场上占据有利位置，很大部分原因归结于沃尔玛在成本控制、物流配送以及供应链管理上的优势；日化用品的巨头宝洁集团，它的核心竞争力表现在推广营销的水平上，在市场调查上具有绝对优势，将产品功能以及所针对的目标群体做了细致的划分；电子产品巨头三星公司的核心竞争力主要体现在技术创新上，在电子产品研发上具备强大的竞争力；微软公司的核心竞争力则是由多要素综合构建的，包括员工的激励政策、人力资源管理、技术创新等方面。可见，在市场经济条件下，企业只有善于利用现有的资源禀赋，找准市场定位，培育与强化自身的核心竞争力，才能实现市场份额的扩大，最终在市场竞争中脱颖而出。

竞争力与核心竞争力既相互联系又存在明显差异，这对概念都表示了某一企业、产业或区域所拥有的能力大小，但竞争力与核心竞争力不是相依相存、共生共荣的关系，即拥有竞争力的企业不一定拥有核心竞争力。二者的区别在于获得的容易性，相对而言，竞争力可以通过效仿的方式在短时间内获得，但核心竞争力通常是难以被模仿的独特优势，因而，核心竞争力可以归结为竞争力中最具长远与影响力的核心因素。

（二）价值链相关理论

1. 价值链理论

价值链的有关概念由美国哈佛大学商学院教授迈克尔·波特教授1985年在其著作中《竞争优势》中率先提出，他认为构成企业的一系列活动如设计、生产、销售、发送和辅助其他产品生产的系统链可表示为价值链[1]。在企业创造价值的过程中分为材料供应、成品开发、生产运行、成品储运、市场营销和售后服务等与商品实体的加工流转直接相关的基本活动和辅助企业建设的组织建设、人事管理、技术开发和采购管理等辅助活动。这些具体活动中又分为“上游环节”和“下游环节”，其中并非每项活动环节都能直接产生价值，但即使不能直接产生价值的

[1] 符正平. 新竞争经济学及其启示：评波特竞争优势理论 [J]. 管理世界，1999（3）：216–217.

环节也是为产生价值的要素环节服务的，所以价值链中的每个环节、每项要素都至关重要，少了其中的一环，则会造成价值链中断，无法产生效益。

波特教授的价值链局限性在于单单从某个企业的立场来分析，但其核心思想却引起了学界的重视，后期学者在此研究的基础上不断拓展其内涵和外延。在1998年，英国彼特·海恩斯教授在波特价值链的分析的基础上引入了原材料和顾客这两个环节，进一步延展，形成了产业价值链，并且在各行各业运用起来。我国“产业链”一词的首次提出是由傅国华学者在1994年的农业研究中提出的，目的是提升农业的系统效益。由此，产业价值链研究逐渐被学者们所重视，并渐渐地运用于中国的旅游业、房产业、林业、汽车业、金融业等行业[1]。

2. 旅游产业价值链

波特价值链是国外学者基于制造业企业的一般发展规律而得出的，它的提出深受相关学者的喜爱，是学者们用于分析竞争优势的重要工具。结合旅游业的基本特征，我们再将波特价值链运用于旅游业，以此构建旅游业企业的价值链。资源、产品、渠道、客户四个环节是旅游产业的重要环节，也是旅游产业价值链的基本构成。基于旅游业与一般制造业的区别，其价值链也会有所区别，在旅游产业价值链中，对产品创新、游客忠诚度有更高的要求，但生产、采购、物流等环节的重要性则较弱。

旅游业的基本价值活动通常包括创新管理、市场营销、客户管理，辅助活动包括基础设施、运营管理、技术创新等，当具体到各种类型的旅游业时，基本价值活动和辅助活动会有所侧重和变动。

不同的学者基于旅游产业价值链分析了不同类型的旅游产业形式，如体育旅游、森林旅游和医疗旅游等。民族地区特色小城镇以民族文化旅游为主导，主要的价值活动包括景区规划、旅游开发、环境保护、景区营销和旅游服务等，辅助的价值活动包括旅游基础设施建设、景区运

[1] 傅国华. 运转农产品产业链提高农业系统效益 [J]. 中国农垦经济，1996(11)：24-25.

营管理、旅游产品的异质性开发等。

本研究将价值链理论运用于民族地区特色小镇核心竞争力之中，将民族地区特色小城镇核心竞争力做要素分析。基于旅游目的地的价值链理论，结合民族地区特色小镇的典型特点，构造适用于民族地区特色小镇的价值链模型，分析构成民族地区特色小镇价值链的主要活动和辅助活动。通过民族地区特色小镇价值链模型的构建，归纳民族地区特色小镇核心竞争力的影响因素，分别对各影响因素的内涵展开分析，为培育民族地区特色小镇核心竞争力奠定理论基础。

（三）可持续发展理论

可持续发展理论从萌发到正式确立，经历了较长的历史发展过程。早在20世纪中叶，城市发展的突飞猛进，城市化进程的不断加快，加剧了人口、资源、环境之间的矛盾，人们开始质疑“发展”的真实含义，提出了经济增长是否等同于发展的疑问。而引发社会各界对发展理念热烈讨论的是1962年美国生物学家莱切尔·卡逊（Rachel Carson）的环境科普著作——《寂静的春天》，著作中描述了人类由于滥用农药等化学物质而导致环境污染、资源破坏的可怕场景，由此引发人类关于经济发展与环境保护关系的热烈讨论。随后，20世纪20年代的美国著作《只有一个地球》，将发展理论上升到了一个新的高度，作者巴拉·沃德（Barbara Ward）和雷内·杜博斯（Rene Dubos）在书中提出了人类社会对于可持续发展的需求，由此引发学界关于可持续发展的思考。同一时期，罗马俱乐部发了名为《增长的极限》的研究报告，正式提出了“持续增长”“合理的持久的均衡发展”的概念，为可持续发展理论的建立奠定了坚实的理论基础[1]。

此后，随着经济社会的繁荣发展，环境、资源问题日益凸显。特别是在20世纪八九十年代后，可持续发展理论逐渐成为国内外学者的研

[1] 杨健. 企业可持续发展的路径选择 [J]. 城市建设理论研究：电子版，2011(23).

究热点，并呈现出多视角、多方法、多学科交叉的演化态势。在20世纪80年代中期，关于可持续发展的数个定义得以被欧洲部分发达国家阐释并提出，但部分定义中包含了限制第三世界国家发展的内容。1987年世界环境与发展委员会在报告《我们共同的未来》中，将可持续发展做出了明确定义，认为可持续发展就是既满足当代人的需要，又不对后代人的发展需要和所需的发展能力构成危害的发展。定义既关注了当下的发展需要，又关注了后代发展机会的公平，对“可持续”一词加以强调。1989年，联合国环境署对可持续发展做了更加明确的定义，发布的声明不仅考虑到子孙后代发展机会的公平更强调了空间范围内其他国家主权的保护，《环境署第15届理事会关于“可持续发展”的声明》指出“可持续发展，指既满足当前的需要又不削弱子孙后代满足需要能力的发展，并且含义中绝对不包括侵犯国家主权”。此外，可持续发展强调保护、使用与提升自然资源的能力，这种能力是维护区域竞争力与经济持续繁荣的重要支撑力。当前，可持续发展理念已成为各国发展的共识，我国颁布的《中国21世纪议程》指出“国家可持续发展能力是顺利实施《中国21世纪议程》的必要保证，在很大程度上取决于政府和人民能力及其经济资源、生态和环境条件。”总体来看，可持续发展理论涵盖问题之广，聚焦了当前经济社会发展的几大问题：一是生态环境可持续发展问题。重点在于生态环境系统的涵养能力与自我修复能力，为子孙后代留有充足的生存发展空间。二是人类生活品质的保障与提升问题。良好的资源环境是人类健康生活的基础，只有具备可持续发展的资源，才能促使人类在经济、政治、文化、人口素质增长上有所提升。三是人与自然和谐共处的问题。长期以来，人类不断增长的需求与自然有限性之间的矛盾一直存在着。在经济发展、工业化生产的关系之中，一旦忽视环境的重要性，破坏环境、污染环境就会引发一系列连锁反应，制约人类经济社会的发展。因此，人与自然的协调共生是经济社会协调发展的关键，亦是可持续发展理论中的重要方面。

可持续发展理论涉及经济、社会、生态的协调发展与可持续性等诸多方面，是环境问题、社会问题、发展问题的有机结合。可持续发展理论作为一项有关社会经济发展的战略性思想，包含了以下几点思想：第一，可持续发展并不否定经济增长。这一点尤其体现在发展中国家，由效率提升带来的经济增长，能促进资源节约，与可持续发展的理念相一致。第二，可持续发展以自然资源的保护为基础，同时限于资源、环境的承载力。人与自然和谐共处、共生共赢是可持续发展的重要标志。人类在经济生产活动中或多或少会对资源、环境造成一定的损害破坏，因此需要通过相应的技术手段或政策干预以减少对环境资源的影响。第三，可持续发展与社会进步相适应，目的在于追求更美好的生活。可持续发展理论强调经济发展，"经济发展"有别于"经济增长"，是生态、经济、社会的协同发展，最终的目标在于实现更好的生活品质。第四，可持续发展承认并认可环境的价值。这种价值认可不仅体现在资源环境对经济生产上的支持支撑上，而且体现在资源环境对人类生命的支撑上。第五，可持续发展是培育新经济增长点的有利因素。会对资源环境产生严重损害的企业与可持续发展理念相违背，最终将沦为落后产能被淘汰，相应地，资源环境友好的企业则会拥有更广阔的发展前景，成为经济发展的重要力量[1]。

---

[1] 张坤民. 可持续发展论 [M]. 北京：中国环境科学出版社，1997.

第二章　民族地区特色小城镇发展状况及功能作用

一、特色小城镇发展历程及整体概况

（一）我国特色小城镇发展历程及整体概况

1. 发展历程

城镇自古有之，古代的城镇常由集市、集镇发展而来，起军事防御和政治统御的作用，在我国有着漫长的发展历史。新中国成立至今，我国的小城镇发展经历了多个发展阶段，呈现出不同的发展特点。但整体而言，在城乡融合和新型城镇化的发展背景下，我国小城镇呈现规模不断扩大，数量不断增多的发展特点。然而，即使特色小城镇和小城镇有很高的重合性，二者仍有些许不同。如前文所述，特色小城镇是经过国家所认定的依托于特定产业发展起来的块状经济城镇发展形态，旅游小城镇是其主要类型。旅游小城镇是小城镇体系中的重要组成部分，是旅游产业化和城镇化进程叠加而成的衍生物，在我国亦有很长的发展历程。学者张江峰将新中国成立70周年以来的旅游小城镇发展以改革开放为时间节点划分为四个发展阶段：改革开放之前阶段（1949—1978年）；快速兴起阶段（1979—1999年）；逐步成熟阶段（2000—2012年）；创新升级阶段（2012年以后）[1]。由此可以看出，小城镇在我国有着很长的发展历史，尤其是改革开放以来，已经成为民族地区乃至全国吸纳资金流、信息流、人流、物质流的聚宝盆，成为中国特色城镇化进程和经济社会发展的重要一环。

特色小城镇建设在就近吸纳劳动力、促进城乡融合发展进而激发和重组城乡要素资源等方面发挥着重要作用，是赋予县域经济发展新活力的重要抓手。基于党的十八大报告“新型城镇化”战略的提出和特色小城镇经济发展、公共服务、绿色生态的建设指标要求，我国特色小城镇发展迎来以质量为导向的发展新时代。要有重点地发展小城镇提出于2014年《国家新型城镇化规划（2014—2020年）》，在发展过程中控制数量，提高质量，由此推动小城镇发展和大城市城区中心功能相结合[2]。随后，一系列关于“培育”“保持”“规范”和“推进”特色小城镇建设的政策文件不断颁发。依据国家和相关部门政策文件，结合特色小城镇现实发展状况，本研究将国家新型城镇化规划颁布以来的特色小城镇发展历程大体上细分为三个发展阶段：

第一阶段为“探索阶段”（2014—2016年）。2014年，随着新型城镇化战略的提出，我国的政策、资本和产业以及市场等层面都出现了一些很重要的变化。浙江云栖小镇的发展，成为国内外特色小城镇建设的经验之本。特色小镇建设成为浙江省经济转型升级重要工作和引导区域开发模式发展的实践导向。2015年浙江省人民政府《浙江省人民政府关于加快特色小镇规划建设的指导意见》的出台使特色小镇建设的相关工作和程序趋于规范化、制度化。文件将特色小镇的各种工作规章制度化，指出特色小镇建设的总体要求和创建程序等，规划在省内分批培育100个省级重点特色小镇，三年后对达到目标要求的特色小镇组织验收。诸暨大唐袜艺小镇、杭州梦想小镇、各类体育运动型小镇等均是在这一时期下的积极探索。

[1] 张江峰. 岷江上游民族地区旅游小城镇研究 [D]. 成都：西南民族大学，2020.

[2] 国家新型城镇化规划（2014—2020年）[J]. 农村工作通讯，2014，(6)：32-48.

第二阶段为“全面推广阶段”(2016—2017年)。2016—2017年，是特色小城镇创建培育在全国各省市全面推广、遍地开花的时期。2016年7月，住房城乡建设部等三部门联合发布《关于开展特色小镇培育工作的通知》文件，预示着在全国范围内培育特色小城镇工作的全面开启，国家政策层面将特色小城镇的发展纳入范畴，引起国家的重视。民族地区许多地方特色小镇的培育创建工作也由这一阶段步入正轨。如2017年，宁夏回族自治区发布《关于加快特色小镇建设的若干意见》，根据小镇规划确定年度建设计划，利用3～5年的时间进行集中创建，达到创建标准后正式验收命名，对省级特色小镇的质量做出了要求；2017年云南省全面启动特色小镇建设工作，出台《云南省人民政府关于加快特色小镇发展的意见》。广西贺州黄姚古镇、云南大理喜洲镇、汶川水磨古镇等几个代表性小城镇均是在这一年申报成功，经住房城乡建设部审批同意成为特色小城镇的。此外，除全国性特色小城镇的创建培育外，各省市也大都于这一年启动省级特色小城镇创建培育工作，关于特色小镇建设的相关研究也在这个阶段呈“井喷式”快速发展，相关建设工作在全国范围内推广开。

第三阶段为“规范化建设阶段”(2018年之后)。2018年文化和旅游部的成立，以及民族地区相关省市或自治区纷纷出台特色小城镇支持的文件是这一发展阶段的重要事件。特色小城镇数量型快扩张暴露了诸如规划不翔实、布局不合理、产业发展不合理、建设质量难以保证等一系列不可忽视的问题。针对这一发展问题，各省区相关部门出台了相关政策文件以规范这一发展乱象。如2018年青海省人民政府办公厅印发《全省特色小镇和特色小城镇创建工作实施意见》，指出要按照“宽进严定、优胜劣汰、验收命名、动态管理”的思路，启动全省特色小(城)镇创建工作，对特色小(城)镇创建的时间顺序和数量做统筹安排。由此可以看出，特色小城镇的创建培育是经过申请、评审、遴选、创建、验收、命名等一系列规范性程序展开的，小城镇建设进入规范化阶段，特色小镇发展质量得以提升。

2. 整体概况

据统计，到2019年底，我国共有包含第一批次的127个和第二批次的276个共计403个特色小镇（图2−1）。从人口规模的角度来说，人口数量超过10万的特色小城镇达到了32个，但是超过20万的特色小城镇只有6个。从区域的分布情况来看，拥有数量最多的特色小城镇的地区为华东地区，有117个。其中，浙江省居于华东地区第一，拥有23个特色小城镇（图2−2）。这是因为浙江省在2014年就提出了特色小镇的概念，我国提出特色小城镇建设之后，浙江省也积极地响应了国家的号召。相比之下，我国边远地区的特色小城镇数量相对较少，这是因为这些地区大多是民族地区，经济较为落后，缺乏资金投入特色小城镇的建设。

笔者对我国特色小城镇的类型及其数量进行了分类计算和初步整理，发现就特色小城镇数量而言，文化旅游发展型特色小城镇最多，达到了155个，占全部数量的38.5%；其次是历史文化型，一共有97个此类型

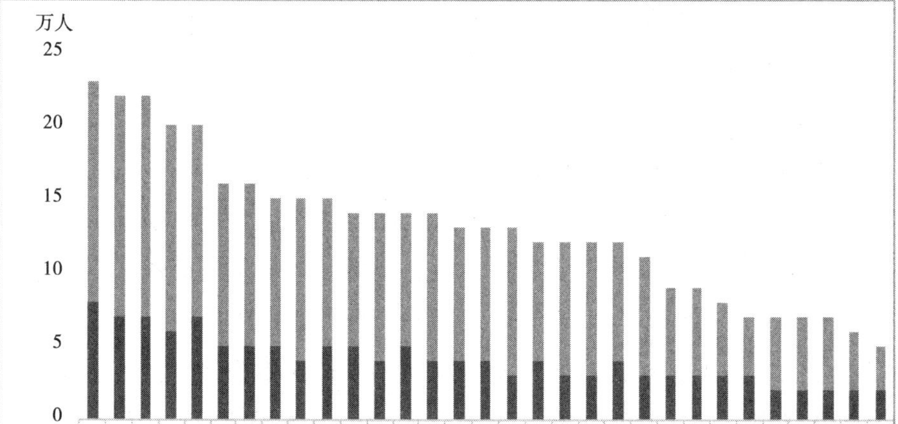

	浙江	江苏	山东	广东	四川	湖北	湖南	安徽	河南	贵州	福建	广西	陕西	新疆	辽宁	重庆	云南	河北	山西	内蒙古	江西	黑龙江	吉林	上海	甘肃	北京	海南	西藏	宁夏	青海	天津
第二批	15	15	15	14	13	11	11	10	11	10	9	10	9	10	9	9	10	8	9	9	8	8	6	6	5	4	5	5	5	4	3
第一批	8	7	7	6	7	5	5	5	4	5	5	4	5	4	4	4	3	4	3	3	4	3	3	3	3	3	2	2	2	2	2

■第一批 ■第二批（单位：个）

图2−1 我国特色小城镇各省市自治区数量情况

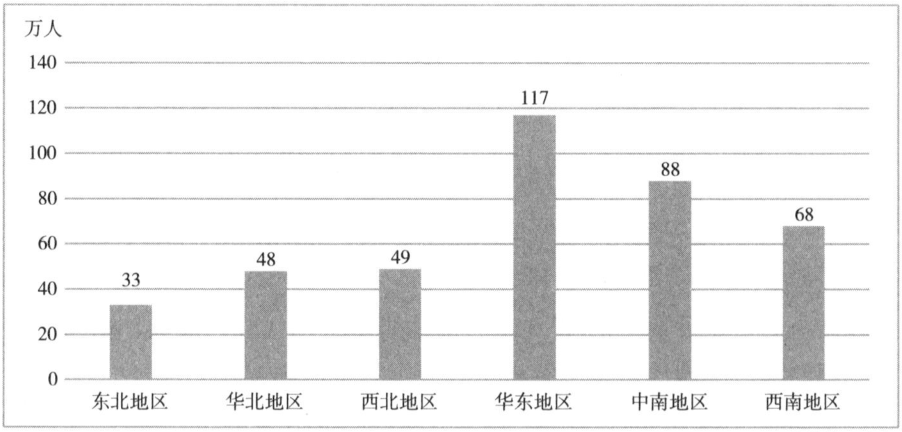

（单位：个）

图 2-2　各地区拥有国家级特色小城镇数量

的特色小城镇，占全部数量的 24.1%（图 2-3）。对这些数据进行分析，可以得知各地政府更加支持建设与发展这两种类型的特色小城镇，首先，旅游发展型的特色小城镇能够在保护生态环境的前提下，最大限度地利用起当地的旅游资源，既能够增加当地民众的收入，也能够实现可持续发展。其次，我国拥有非常悠久深远的历史文化，但是之前有很多地区政府并没有重视这一点，也没有充分利用这些历史人文底蕴，所以建设历史文化型的特色小城镇能够帮助我国继承和弘扬历史文化。

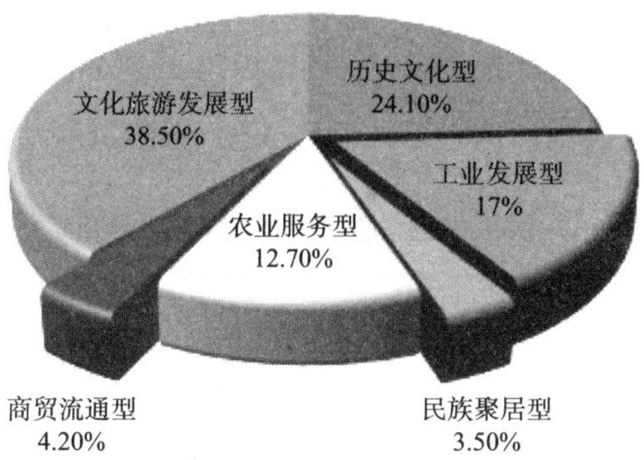

图 2-3　我国特色小城镇类型分布情况

根据我国“十三五”规划，结合我国目前的特色小城镇建设和运营情况来看，平均建设一个特色小城镇需要投资60亿元左右，规模较小的需要10亿元投资，规模较大的特色小城镇则需要投资上百亿元。根据我国相关部门的规划显示，我国将在“十三五”期间建设1000个特色小城镇，总投资额将达到6万亿元，占我国GDP的7%左右。这能够为我国特色小城镇的建设和发展提供强劲推力。此外，从当前已建成的样本统计数据来看，投资额中的40%左右都会用于基础设施的建设，由此估算出我国的特色小城镇基础设施建设投资金额将达到2万亿元。

（二）民族地区特色小城镇分布与发展概况

近些年来，我国旅游经济的不断繁荣和旅游市场的不断拓展为民族地区经济发展带来了新的机遇。民族地区的特色小城镇在推动民族地区经济发展的同时也成为游客青睐的重点区域，为拉动民族地区旅游经济发展起到了积极的促进作用。本书通过文献阅读和政策梳理，整理和梳理了民族八省区特色小城镇的总体发展历程和分布状况。民族八省区特指我国五个民族自治区和三个多民族省份包括贵州、青海和云南，面积占到我国国土面积总量的60%左右。民族地区国家级特色小城镇共有88个，占全国特色小城镇的21.67%。其中贵州拥有特色小城镇数量在民族地区占居首位，有15个国家级特色小城镇。广西位居第二，较贵州省少一个国家级特色小镇（表2-1）。借鉴已有的实践成果，在整理相关材料的基础上，依次梳理民族八省区的特色小城镇发展历程和分布状况。

表2-1　民族地区国家级特色小城镇分布统计表

地区	数量（个）	排序
贵州	15	1
广西壮族自治区	14	2
新疆维吾尔自治区	14	2
云南	13	4

续表

地区	数量（个）	排序
内蒙古自治区	12	5
西藏自治区	7	6
宁夏回族自治区	7	6
青海	6	8
合计	88	—

1. 贵州省特色小城镇

2016年，贵州省住建厅发布《贵州省特色小镇建设工作实践》，指出将在“十三五”期间重点支撑100个示范小城镇建设，由此辐射带动全省1000余个小城镇的同步发展。首先，重视特色小城镇的产业发展、产业支撑。在重点支持新型特色产业的同时也关注传统特色产业的发展。如重点打造大数据、大健康产业、文化旅游产业、现代山地特色高效农业和新型建筑建材业的同时，关注烟酒茶、民族医药、特色食品等传统特色产业的发展。围绕特色产业建设一批茶叶小镇、养生小镇、航空小镇等特色鲜明、功能突出的小镇。在政策资金支持方面，每年安排3.5亿元省级财政资金作为贵州省小城镇建设的专项资金，以补齐小城镇在基础设施和公共服务上的资金短板，防止特色小镇建设因资金短缺而无法进行。贵州省国家级特色小城镇名单见表2–2。

表2–2　贵州省国家级特色小城镇名单

第一批	1	贵阳市花溪区青岩镇
	2	六盘水市六枝特区郎岱镇
	3	遵义市仁怀市茅台镇
	4	安顺市西秀区旧州镇
	5	黔东南州雷山县西江镇
第二批	1	黔西南州贞丰县者相镇

续表

第二批	2	黔东南州黎平县肇兴镇
	3	贵安新区高峰镇
	4	六盘水市水城县玉舍镇
	5	安顺市镇宁县黄果树镇
	6	铜仁市万山区万山镇
	7	贵阳市开阳县龙岗镇
	8	遵义市播州区鸭溪镇
	9	遵义市湄潭县永兴镇
	10	黔南州瓮安县猴场镇

2. 云南省特色小城镇

2017年《云南省人民政府关于加快特色小镇发展的意见》的出台标志着云南省特色小镇建设工作的全面启动。意见指出力争在3年内建成20个全国一流特色小镇，80个省级一流特色小镇。在产业发展方面，重点打造刺绣、银器、扎染、中药等传统优势产业，聚集信息技术、旅游休闲、高原特色现代农业等重点产业；在财政支持方面，给予列入创建名单的特色小镇资金安排，对于特色小镇发展规划编制与前期培育，计划安排1000万元的培育启动资金以保证小镇发展培育的顺利进行。云南省国家级特色小城镇名单见表2-3。

表2-3　云南省国家级特色小城镇名单

第一批	1	红河州建水县西庄镇
	2	大理州大理市喜洲镇
	3	德宏州瑞丽市畹町镇
第二批	1	楚雄州姚安县光禄镇
	2	大理州剑川县沙溪镇

续表

第二批	3	玉溪市新平县戛洒镇
	4	西双版纳州勐腊县勐仑镇
	5	保山市隆阳区潞江镇
	6	临沧市双江县勐库镇
	7	昭通市彝良县小草坝镇
	8	保山市腾冲市和顺镇
	9	昆明市嵩明县杨林镇
	10	普洱市孟连县勐马镇

3. 广西壮族自治区特色小城镇

2016年，广西住建厅、发改委、财政厅联合印发了《广西百镇建设示范工程实施方案》，提出要推进100个特色小镇建设，重点加强特色小镇的经济、环境、综合布局配套等方面的建设工作。2017年，广西壮族自治区出台了《关于培育广西特色小镇的实施意见》，旨在构建国家级、自治区级、市级三级特色小镇培育体系，力争到2020年培育国家级特色小镇、自治区级特色小镇、市级特色小镇各30个、100个、200个，激活2000亿元以上的固定资产投资。广西国家级特色小城镇名单见表2-4。

表2-4　广西壮族自治区国家级特色小城镇名单

第一批	1	柳州市鹿寨县中渡镇
	2	桂林市恭城县莲花镇
	3	北海市铁山港区南康镇
	4	贺州市八步区贺街镇
第二批	1	河池市宜州市刘三姐镇
	2	贵港市港南区桥圩镇
	3	贵港市桂平市木乐镇

续表

第二批	4	南宁市横县校椅镇
	5	北海市银海区侨港镇
	6	桂林市兴安县溶江镇
	7	崇左市江州区新和镇
	8	贺州市昭平县黄姚镇
	9	梧州市苍梧县六堡镇
	10	钦州市灵山县陆屋镇

4. 内蒙古自治区特色小城镇

2016年，内蒙古自治区政府办公厅《关于特色小镇建设工作的指导意见》的颁布为内蒙古特色小城镇的建设和培育提供政策保障，并对特色小城镇建设的质量和数量提出要求。意见对特色小城镇的产业发展、人居环境、城镇风貌、功能保证等提出要求。指出特色小城镇在满足基础设施和基本公共功能比较完善的同时，还要对满足居民就业，对县域经济发展起到较强的经济带动作用。此外，对于满足经济社会基础良好、区位交通优势明显、人口聚集、资源环境承载力强等标准要求较好的小镇，自治区还会依据不同特色小城镇发展类型，择优遴选出示范镇，通过自治区、盟市、旗县三级的集中资金投入，建设一批在功能、设施、经济、社会发展环境较好的特色小镇，逐年推进，以此全面推动全区的新型城镇化发展，促进城镇化进程。内蒙古自治区国家级特色小城镇名单见表2-5。

表2-5　内蒙古自治区国家级特色小城镇名单

第一批	1	赤峰市宁城县八里罕镇
	2	通辽市科尔沁左翼中旗舍伯吐镇
	3	呼伦贝尔市额尔古纳市莫尔道嘎镇
第二批	1	赤峰市敖汉旗下洼子镇

续表

第二批	2	鄂尔多斯市东胜区罕台镇
	3	乌兰察布市凉城县岱海镇
	4	鄂尔多斯市鄂托克前旗城川镇
	5	兴安盟阿尔山市白狼镇
	6	呼伦贝尔市扎兰屯市柴河镇
	7	乌兰察布市察哈尔右翼后旗土牧尔台镇
	8	通辽市开鲁县东风镇
	9	赤峰市林西县新城子镇

5. 宁夏回族自治区特色小城镇

2017年，宁夏回族自治区发布《关于加快特色小镇建设的若干意见》。意见规范化、程序化地指出了特色小镇遴选、培育、创建的标准、程序和方法，为特色小镇建设工作提供了科学有效的指导。意见指出，对于省级的特色小镇要通过组织差额竞争性评审和公众、专家、政府部门多组织评议等方式进行分批择优选拔。随后，根据小镇的发展规划，进行3～5年的限时集中创建，创建后要依据相关标准进行验收，达到创建标准的才准予命名。总而言之，对于特色小镇的创建培育工作，要经历遴选、规划、创建、验收、命名等一系列环节。此外，在财政支持方面，宁夏政府通过以奖代补等方式每年给予自治区级培育的特色小镇2000万元的资金支持。此外，还积极实行投资融资的政策保障，在市政基础设施和公共服务领域推行PPP模式。对于特色小镇示范建设项目，按照项目大小100～500万元规模不同的投资额度，以鼓励支持特色小镇的发展培育。宁夏回族自治区国家级特色小城镇名单见表2-6。

表2-6　宁夏回族自治区国家级特色小城镇名单

第一批	1	银川市西夏区镇北堡镇
	2	固原市泾源县泾河源镇

续表

第二批	1	银川市兴庆区掌政镇
	2	银川市永宁县闽宁镇
	3	吴忠市利通区金银滩镇
	4	石嘴山市惠农区红果子镇
	5	吴忠市同心县韦州镇

6. 青海省特色小城镇

青海省是我国的一个多民族地区，不同民族之间有着自身独特的民族信仰和历史文化以及风俗习惯等。同时青海地区地理位置独特，独特的气候、海拔等客观的环境和多民族聚居的特点造就了内容丰富的民俗风情。青海藏区的自然景观非常独特，同时多民族地区也有着丰富的人文历史，所以自身就具有独特的旅游资源禀赋，青海地区依托这些资源开发出了很多优质的旅游产品。旅游行业的发展为青海省也带来了大量的收入，大幅地增加了广大农村居民的收入，提高了当地民众的生活质量，带动了青海省民族地区的经济社会发展。基于青海少数民族旅游资源多样，该地区特色小城镇的发展也越来越多样化，能够充分满足不同旅客的多样化旅游需求。

2018 年，青海省人民政府办公厅印发《全省特色小镇和特色小城镇创建工作实施意见》，指出要按照“宽进严定、优胜劣汰、验收命名、动态管理”的思路创建特色小城镇。这一意见为特色小镇创建的数量质量和创建时间顺序提出了要求，也意味着全省特色小（城）镇创建工作的启动。自 2019 年起，每年启用美丽城镇建设的部分资金用于特色小镇的创建专项资金，并对创建期限内通过验收命名的特色小镇给予省级财政补贴。此外，省级财政中用于产业支持补贴、科技创新发展、生态环境保护等相关专项基金，优先对接特色小城镇建设，给予小城镇建设以优先发展权，以此助推特色小城镇的建设发展。这样的利好政策使青海当地的交通基础条件和城镇区域的整体整洁度得到了改善提高，同时，青海当地政府在对特色小城镇进行管理的时候，管理水平也在不断提高，区域空间得到了显著的扩展，当地生态承载能力得以增强，很大程度上带动了当地的社会经济发展。青海省国家级特色小城镇名单见表2-7。

表2-7　青海省国家级特色小城镇名单

第一批	1	海东市化隆回族自治县群科镇
	2	海西蒙古族藏族自治州乌兰县茶卡镇
第二批	1	海西州德令哈市柯鲁柯镇
	2	海南州共和县龙羊峡镇
	3	西宁市湟源县日月乡
	4	海东市民和县官亭镇

7. 西藏自治区特色小城镇

近几年来，西藏自治区在建设世界旅游目的地的过程中，当地政府部门非常重视特色小城镇的建设与发展。西藏整体上处于高原地区，有着高原地区独有的风景，有着西藏藏族自身独特的历史文化底蕴，这些都成为西藏地区建设文旅型特色小城镇的比较优势，成为小城镇建设重要的旅游资源依托。自2015年起，西藏自治区开启了特色小镇建设计划，分阶段有时序开始建设特色小城镇，规划建设特色小镇20个。截止到2017年，特色小镇建设示范项目已增至26个，其中18个已进入实质性建设阶段，规划建设稳步有序推进。此外，基于西藏自治区生态环境相对脆弱、海拔高的气候特点，西藏自治区的特色小镇规划特别强调人与自然和谐相处的可持续发展理念，在建设规划中融入绿色生态发展理念，注重生产、生活、生态三生理念的融合。同时注重加强基础设施建设，促进公共服务优质均等化发展和建设发展的便民、利民程度。在建设特色小镇的同时，也充分注重对西藏特色资源的激活与利用重组，依托西藏民族特色、生态资源、地理位置、旅游资源打造一批民族工业、特色生态农牧业、商贸物流业、休闲旅游业等特色产业为依托的重镇、强镇、名镇，由此带动区域经济增长。现阶段西藏地区各个特色小城镇都有着自身的特色，打造了一批受广大游客喜爱的西藏旅游特色小城镇。西藏自治区国家级特色小城镇名单见表2–8。

表2–8　西藏自治区国家级特色小城镇名单

第一批	1	拉萨市尼木县吞巴乡
	2	山南市扎囊县桑耶镇
第二批	1	阿里地区普兰县巴嘎乡
	2	昌都市芒康县曲孜卡乡
	3	日喀则市吉隆县吉隆镇
	4	拉萨市当雄县羊八井镇
	5	山南市贡嘎县杰德秀镇

8. 新疆维吾尔自治区特色小城镇

新疆维吾尔自治区的特色小城镇建设开始于南疆地区的试点建设和培育，2017年，南疆地区完成30余个特色小城镇的试点建设，经济拉动成效显著。因此，新疆维吾尔自治区党委将特色小城镇建设与农牧民的转移工作相结合，计划于2020年，在南疆完成特色小城镇培育100个、农牧民转移100万人。在特色小镇培育中，自治区住房城乡建设厅全力支持南疆特色小城镇建设，为特色小城镇建设提供财政资金支持的同时，引导其产业发展规划，做好培植产业的发展工作。充分引导特色小城镇发挥促进就业，拉动经济增长的经济功能。

但是新疆很多民族地区的经济水平较低，不仅起步相对较晚，同时发展速度相对较慢，导致当地的经济发展出现了较为严重的滞后情况，所以在建设新疆地区特色小城镇要充分利用好当地民族区域特色，加大相关产业的投入建设，使其能够成为带动民族地区特色小城镇及辐射周边地区经济发展的重要引擎。新疆维吾尔自治区国家级特色小城镇名单见表2–9。

表 2-9　新疆维吾尔自治区国家级特色小城镇名单

第一批	1	喀什地区巴楚县色力布亚镇
	2	塔城地区沙湾县乌兰乌苏镇
	3	阿勒泰地区富蕴县可可托海镇
第二批	1	克拉玛依市乌尔禾区乌尔禾镇
	2	吐鲁番市高昌区亚尔镇
	3	伊犁州新源县那拉提镇
	4	博州精河县托里镇
	5	巴州焉耆县七个星镇
	6	昌吉州吉木萨尔县北庭镇
	7	阿克苏地区沙雅县古勒巴格镇

二、民族地区特色小城镇的功能与作用

（一）民族地区特色小城镇的功能

在我国民族地区建设特色小城镇，需要一定资源的同时还具有一定的产业水平，在此资源、经济基础上开展特色小城镇建设，形成经济增长极。能够让其在周边的农村地区脱颖而出，通过打造相应的社会经济系统，让特色小城镇成为该民族地区的经济和文化中心，带动该地区的整体经济发展。

1. 聚集功能

对于民族地区的特色小城镇来说，主要能够对两个方面的要素进行有效的聚集，从而形成聚集效应，首先是资金和技术以及人才等方面的要素集中，其次是将相关产品和相关资源等要素进行集中。之所以出现这样的集中，并不是为了对资源进行简单的组合，而是通过这种集合方法对当地资源进行最优化的配置，虽然资源是有限的，但是通过对资源进行更优化的配置能够为这些民族地区带来更多的经济收益。从更加深层次的角度来说，要素聚集还能够产生以下两方面的利益：

（1）共享公共产品和服务。基于我国民族地区的文化多样性和经济独特性，在推进城镇化建设的过程中，需要充分地结合自身地区和民族文化、地理位置等方面的特色，探索具有本民族、本地区特色的城镇化发展道路，其中不仅需要加强基础设施的建设，还需要加大公共设施及产品的投入，这也是民族地区特色小城镇建设工作的基础条件和首要任务。民族地区特色小城镇能够让当地的民众和从业人员以及游客等享受到相应的公共设施及服务。我国是一个多民族国家，并且民族地区拥有着非常宽广的地域范围，同时这些地区的聚集程度较为分散，所以在建设公共基础设施和产品的过程中，在短时间内很难做到在所有聚集地区普及。基于此，通过加大力度建设民族地区特色小城镇，提升地区的城镇化水平和经济发展成为最大限度提高这些地区公共设施及产品和显著提升当地民众生活质量的有效途径。除此之外，完善的公共设施及产品能够帮助民族地区特色小城镇吸引更多的优质企业参与到特色小城镇的建设和发展中，有效地推动当地经济的发展。

（2）共享信息和劳动力市场。民族地区特色小城镇的建设可实现当地社会资源的有效集聚。从特色小城镇的规划开始，创建、评估、验收各环节都需要民众、政府、企业等多方主体的配合和参与。建设的过程之中各种信息流、物流、人流集聚的同时，也促进了当地社会资源的交换和聚集，在很大程度上为当地的民众和企业提供了便利。此外，人口的聚集在很大程度上能够为当地的市场提供充裕的劳动力，企业在投资特色小城镇的时候也会享受到相应的人口红利，而当地民众的就业问题也能够得到极大的缓解，由此促进企业和当地民众之间互利互惠关系的形成。同时，产业的发展亦会对当地社会经济的发展带来红利。在特色小城镇建设中，产业的发展会带来资金、信息、人才的不断流入，促使该区域形成“人才高地”和“资金洼地”，从而形成更为理想的经济社会人文环境吸引各类生产要素的聚集，形成独特的竞争优势。

2. 辐射功能

在建设特色小城镇的过程中，能够显著地促进民族地区的信息交流，企业入驻之后会将大城市的思想观念和生活习惯等带到民族地区，从而对民族地区的民众产生潜移默化的影响，促进各民族之间的交往、交流、交融，最终铸牢中华民族共同体意识。同时，小城镇相较于农村地区而言，也具有更高层次的能量，这些特色小城镇能够将自身的资金和思想以及生活习惯等带给周边农村地区的民众，对这些民众产生潜移默化的影响。因此，可以认为大城市对特色小城镇形成辐射，而特色小城镇又对农村地区形成辐射，在此过程中，特色小城镇起到了一个重要的桥梁作用。

在建设民族地区特色小城镇的过程中，大城市的众多要素能够通过特色小城镇传递给基层的农村居民，随着特色小城镇的物流和信息流等的不断扩大，特色小城镇也能够形成持续完善自身发展的能力，最终在该民族地区形成区域经济中心，在起到人才、文化和资金等要素传递的桥梁作用时，还能够有效地促进当地的经济发展，提高民族地区民众的收入与生活水平。

3. 拉动功能

在民族地区建设特色小城镇，能够在很大程度上带动当地的经济发展，这种拉动力是非常强的，但同时也受到了当地经济发展水平的影响。通常而言，本身经济越发达，城镇化水平越高，那么这些地区的特色小城镇就能够更加强有力地带动周边农村地区的经济。在我国目前的民族地区，大部分特色小城镇都是将旅游业和文化体育行业作为主导产业，尤其是旅游业具有非常高的开放性，能够带动上下游多个行业的发展，在这些因素的影响下，民族地区的特色小城镇在拉动周边农村区域经济发展的过程中，是多方面综合影响的，主要包括以下两点：

（1）提高农村居民收入水平。基于社会历史和自然经济条件以及交通位置等方面的因素影响，我国很多民族地区的社会相对比较封闭，尤

整体可支配收入低于全国平均水平，但是个别省区如内蒙古，无论是城镇居民还是农村居民可支配收入均接近全国水平。从增长速度看，西藏城镇居民可支配收入增速、农村居民可支配收入增速均高于全国平均水平和其他民族省区。虽然民族地区经济发展受历史和地理位置的影响同发达地区有一定的差异，但随着国家政策的大力倾斜和不断的帮扶，差异正在逐渐缩小。

表 2-11　2019 年民族八省区居民可支配收入

省区	居民可支配收入（元）	收入增速（%）	城镇居民可支配收入（元）	城镇收入增速（%）	农村居民可支配收入（元）	农村收入增速（%）
全国	30733	8.9	42359	7.9	16021	9.6
内蒙古	30555	7.7	40782	6.5	15283	10.7
广西	23328	8.6	34745	7.1	13676	10
贵州	20397	10.7	34404	8.9	10756	10.7
云南	22082	8.2	36238	8.2	11902	10.5
西藏	19501	10.7	37410	10.7	12951	13.1
青海	22618	7.3	33830	7.3	11499	10.6
宁夏	24412	7.6	34328	7.6	12858	9.8
新疆	23103	5.8	34664	5.8	13122	9.6

2. 民族地区特色小城镇建设推动第三产业占比不断上升

随着特色小城镇建设的不断深入和推进，民族八省区紧密结合自身的区位条件和资源优势，综合现有的发展政策，考虑当前的经济发展水平，摸索出一条因地制宜、稳健持续的产业结构优化之路。通过进一步对产业结构的优化调整、资源整合，逐步缩小发展差距，实现区域协调发展。据民族八省区统计局的信息统计，2019 年，民族八省区第三产业占比接近 50%，一、二、三产业的结构占比不断优化调整，产业间的差距、区域间的差距在不断缩小，与全国平均水平的差距也在不断缩小。

以我国青海地区为例，青海的第三产业在旅游经济的带动下，整体产业发展态势一直处于上升趋势。以青海藏族地区的旅游行业总收入为例，2015年青海藏区的收入仅为48.2亿元，2018年就增长到了118亿元，整体翻了一番多。同时，青海全省的旅游总收入占全省生产总值的比例也从27.7%上升到了33.8%，说明青海省的旅游收入对第三产业乃至全省的经济水平都起到了重要的拉动作用。截至2018年底，青海全省的游客人次数同比上年增长了67.4%，而青海民族地区的增长幅度则接近2倍，可以看出青海民族地区的旅游行业逐渐成为经济的新增长点，发展迅猛。从人均旅游消费的情况来看，青海藏区在2018年为2819元，虽然出现了一定的增长，但人均旅游消费增速仍处于全国较低水平。

3. 民族地区特色小城镇建设推动贫困群众脱贫效果明显

民族地区是我国脱贫攻坚的主战场，我国也非常重视对民族地区脱贫攻坚工作的财政支持。据统计，2019年，中央财政安排少数民族发展支出方向包括专项扶贫资金67.5亿元，少数民族贸易生产贷款贴息方面达20亿元。聚焦深度贫困地区和“两不愁三保障”问题，狠抓“十三五”165项重大工程项目中涉及民族工作重点任务的落实，积极推动贫困群众脱贫，在中央和民族地区各级政府的努力下，我国民族八省区脱贫工作取得进展，据报道，截至2019年11月底，民族八省区贫困人口规模迅速缩减，脱贫攻坚成果显著，贫困人口基数不断缩减，从2018年的603万人下降到119万人，有484万贫困人口实现脱贫，贫困发生率从4%下降到0.79%。由此可见，特色小城镇建设在促进人口非农化的同时，通过促就业、改善民生等方式推动着民族地区贫困人口群体的脱贫，成为我国扶贫工作部署中的重要力量。

三、培育民族地区特色小城镇核心竞争力的必要性

特色小城镇作为大中城市和乡村的重要联结纽带，为疏解大城市人口压力、资源环境压力起到重要作用，是乡村人口外出迁移和城市人口疏解的重要平台，是推动新型城市化建设的重要抓手，更有利于发挥城镇化建设对新农村建设、乡村振兴的辐射带动作用。因而特色小城镇建设在我国现阶段经济转型发展过程中具有非常重要的意义，为促进特色小城镇的建设与发展，我国各部委也相继出台了一系列关于特色小城镇建设发展培育的政策文件、对特色小城镇建设给予财政补贴等，由此可以看出我国政府对特色小城镇建设的重视程度。但从目前现实情况来看我国的民族地区特色小城镇建设中还存在小城镇同质化严重、资源无法得到高效配置和缺乏良好的产业支撑等问题，制约了我国特色小城镇的发展。这些问题的主要原因在于我国民族地区多数的特色小城镇缺乏核心竞争力。因此，在建设民族地区特色小城镇的过程中，培育其核心竞争力则显得尤为必要。

(一) 利于特色小城镇形成差异化的发展

我国在建设民族地区特色小城镇的时候，很多时候只注重了小城镇的建设，而没有体现出其民族文化习俗、地理风貌等方面的特色，所以只是在一定程度上实现了民族地区的城镇化，但是没有实现特色化导致“千镇一面”的同质化现象出现。在现实发展中，许多特色小城镇一味“跟风”，没有开发出突出本地特色的旅游产品，例如，建筑风格千篇一律、娱乐休闲项目如出一辙、经营模式如法炮制等。缺乏文化内涵、地域特色的小城镇建设使游客“求异、求新、求知”的心理难以满足，审美疲劳产生，最终特色小城镇建设失去产业支撑，落入“昙花一现”的发展窘境。要避免出现这一现象，就必须要培养民族地区特色小城镇的

核心竞争力，让特色小城镇对自身及其资源的管理水平得以提升，打造出自身的核心吸引力，让更多的企业愿意到当地进行投资，让更多的游客愿意前往特色小城镇参观游玩体验，同时让特色小城镇得到长久持续的发展，就需要为其提供保障。当游客参观各民族地区特色小城镇的时候发现千篇一律的问题时，就会大幅降低到这些地区旅游的意愿。而通过培育民族地区特色小城镇的核心竞争力，让各个特色小城镇都能够实现差异化发展，那么游客在每一次参与观光游玩之后，都会期待下一次会有怎样不同的体验。

（二）利于促进民族地区资源的优化配置

我国很多民族地区的经济社会条件相对落后，经济、社会、文化、教育等都还有很大的发展空间。除地理位置较为偏远、交通条件不利于经济的发展的客观自然因素外，还有一个重要原因就是大部分民族地区的资源都没有实现资源的优化配置，导致大量的资源被浪费掉了。在建设特色小城镇的过程中，依旧存在资源配置效率低的问题，而通过采取有效的措施培育民族地区特色小城镇的核心竞争力，就能够在一定程度上对当地资源进行优化配置，让民族地区特色小城镇在市场竞争中具有明显的优势，同时还能够促进自身找准市场定位。再如民族文化资源，是一项非常重要的且具有高价值的旅游资源，但是长期以来都没有被很好地开发出来，甚至还出现了一些民族文化资源的消逝，而培育民族地区特色小城镇的核心竞争力则能够有效保护和传承民族的文化资源，甚至还能够在原有的基础上进行创新。

在特色小城镇建设中，通过产业的集聚效应将资源优势转化为经济优势，以民族地区独特的文化旅游资源彰显核心竞争力，凸显竞争优势，以实现人流、资金流、物质流等要素在城乡中的双向流通从而调动资源，优化资源的配置方式是培育提升民族地区特色小城镇核心竞争力的重要原因之一。

（三）有助于形成特色小城镇的产业支撑

从我国已经成功的特色小城镇建设的经验中可以得知，特色小城镇建设的核心之一就是产业支撑。特色小城镇的建设能够在很大程度上促进创新创业，同时从中培育新兴产业，从而有效地推动整个地区的经济发展和转型升级，是一项非常重要的引擎，同时是为当地扩大有效投资的重要力量。目前，我国大多数民族地区基本上是以传统产业为主的产业发展格局，此种产业格局是难以带动当地经济高速增长的，而特色小城镇则强调产业与小城镇的融合，以此借助产业集群来打造一个集旅游、生活以及工作于一体的城镇平台，因此通过培育特色小城镇的核心竞争力，能够推动传统产业的转型升级，促进当地能够发展出具有自身特色、与之相配的核心产业及其产品，从而形成良好的产业支撑，吸引更多的游客及人才驻留从而对区域产生增长极效应。另外，于特色小城镇建设和民族地区经济发展而言，核心竞争力的培育是推动产业数字化创新的动力。在数字经济时代，个性多元的消费理念、智能化创新化的数字技术是促进产业融合和催生经济新业态的重要因素，通过培育提升小城镇的核心竞争力有利于促进产业融合和产业迭代升级进而放大特色小城镇的产业优势，强化产业支撑。除此之外，培育民族地区特色小城镇的核心竞争力，能够在很大程度上激发传统产业的活力，尽可能将特色小城镇的生态农业和第三产业等方面的功能充分发挥出来，不仅能够带动当地人员就业，还可以提高当地民众的收入水平，促进特色小城镇及其周边地区的经济发展。

（四）有助于特色小城镇实现多元化发展

民族地区特色小城镇的建设发展模式也是多样化的、风格各异的。民族地区凭借自身丰富独特的旅游资源、人文风光等培育、创建了一批具有代表性的文旅型特色小城镇。资源类型的差异性决定了特色小城镇发展模式的差异性，各式各样的旅游资源使特色小镇形成了人文风光、古代历史、商贸物流等各种类型多样的小镇，使游客在选择旅游的时候也能够拥有更多的选择，从而带动整个旅游业的发展，同时各个旅游地区都可以打造专属自身的个性化旅游品牌，形成自身的核心竞争力进而促进当地的旅游业发展。近年来，我国许多民族地区都已认识到自身旅游资源的价值并加大了旅游产品的投资力度，特色小城镇旅游产业得到初步发展。但是，目前大多数民族地区特色小城镇的发展模式还较为单一，都没有实现良好持续的发展，缺乏核心竞争力，对于广大游客的核心吸引力较弱，导致游客重游、二次游的欲望较低。核心竞争力的培育将促使特色小镇发展类型的多样化、多元化。

民族地区特色小城镇的发展并不是单一的，也不是静态的，而是动态多元化发展的，但是很多地区在建设发展特色小城镇的时候，都没有做到动态多元化的发展，很多地区建成特色小城镇之后就长期不变，同时也没有朝着多元化的方向发展，这就是缺乏核心竞争力的表现。因此培育民族地区特色小城镇的核心竞争力，能够在很大程度上促使特色小城镇朝着多元化的方向发展，同时特色小城镇也会经历不同的发展阶段，首先是集中发展小城镇的核心产业，进而形成自身的核心竞争力，接着加大力度发展与核心产业相关的其他产业，最后再发展与核心产业不相关的产业，最终形成多元化经营、产业多元的发展新局面。

总之，培育民族地区特色小城镇的核心竞争力，不但能凸显特色小城镇的“特色”，形成各特色小城镇的比较优势，避免特色小城镇出现千篇一律的情况，还能推动民族地区的新型城镇化，同时推动传统产业的转型升级，形成新的经济增长点，带动特色小城镇及辐射其周边地区的经济发展。因此，培育民族地区特色小城镇的核心竞争力具有重要意义。

第三章　民族地区特色小城镇核心竞争力要素

前文对核心竞争力理论做了相关介绍，重点分析了民族地区特色小镇的发展历程和现状及其培育核心竞争力的必要性。本章将根据价值链理论，对民族地区特色小镇核心竞争力做要素分析。基于旅游目的地的价值链理论，结合民族地区特色小镇的典型特点，构造适用于民族地区特色小镇的价值链模型，分析构成民族地区特色小镇价值链的主要活动和辅助活动。通过民族地区特色小镇价值链模型的构建，归纳民族地区特色小镇核心竞争力的影响因素，分别对各影响因素的内涵展开分析，为培育民族地区特色小镇核心竞争力奠定理论基础。

一、民族地区特色小城镇价值链的构建

（一）民族文化旅游业价值链的内涵与特点

1.旅游业的特征

民族文化旅游是民族地区特色小镇的主导产业之一，属于服务业的范畴之内，通过分析旅游业特征及价值链活动，对民族地区特色小镇价值链的构建有很好的借鉴作用。旅游业提供的通常是一种体验，一种服务，以提供无形的服务产品为主，而相应的制造业则是提供有事物形态

的有形产品，两者从产品形态、消费者参与性、售后等多个方面都存在不同：

首先，旅游业的生产与消费是同步产生的，属于即时消费的方式，不能对产品进行库存，旅游市场主要依靠消费者的忠诚度和满意度来实现。因而消费者管理属于最为重要的管理环节。传统的制造业则与之相反，制造业需要根据市场需求，制定和修改生产环节，产品的库存量对制造业有很大的影响，要时刻关注市场变动，从而做出正确的市场趋势判断。

其次，旅游业的产品以体验形式为主，产品没有包装、物流等环节。部分旅游产品能以音像、图书等的方式呈现，但更多的是现场实现的方式，例如民宿住宿、餐饮、游玩项目等方式，消费者必须现场完成消费，消费具有即时性，其消费体验感是立刻能反映出来的，决定了消费者再次消费的意愿和顾客忠诚度。所以，旅游业对交通、环境、通讯等方面的基础设施建设要求较高。与之不同的是，制造业的产品从生产车间到各个消费市场，期间需要高速的物流作为支撑，物流运输的速度、安全、存储都是不可忽视的环节。

最后，旅游业的创意与管理是关键环节。旅游业的产品以人的体验为中心，所提供的旅游产品以活动的形式呈现，在一定程度上属于无形产品，规划设计、人员安排、培训等方面都影响旅游产品的质量。在旅游消费升级的时代背景下，旅游者对旅游产品质量的高要求、旅游体验感的高追求对旅游业的高质量发展提出了更大的挑战。因此，创意化的旅游产品、高效率的管理、个性化的服务是新时代下旅游业以消费者为中心的核心要义，如何培育出具有创意的策划与成熟的管理是旅游业高质量发展的核心问题。

2. 民族文化旅游产业价值链分析

波特价值链是相关学者用于分析竞争优势的重要工具。它是国外学者基于制造业企业的一般发展规律而得出的，结合旅游业的基本特征，我们将波特价值链运用于旅游业，以此来构建旅游业企业的价值链。旅游业对产品创新、游客忠诚度有更高的要求，但生产、采购、物流等环节的重要性则较弱。

旅游业的基本价值活动通常包括创新管理、市场营销、客户管理，辅助活动包括基础设施、运营管理、技术创新等，当具体到各种类型的旅游业时，基本价值活动和辅助活动会有所侧重和变动。民族地区特色小城镇以民族文化旅游为主导，主要的价值活动包括景区规划、旅游开发、环境保护、景区营销和旅游服务等，辅助活动包括基础建设、运营管理、异质性开发等。

根据不同类型旅游业的具体特征，在做价值链分析时，应结合地区特点做重构分析。民族地区特色小城镇是民族文化旅游的重要载体，其价值链的独特性在于：

首先，民族文化旅游价值链更突出理念和模式。民族文化旅游业的价值活动主要针对无形的旅游产品和服务，技术创新在价值活动中也起到了一定作用，方法、理念、流程和模式是民族文化旅游增值的重要途径。

其次，民族文化旅游价值链重视创新与异质化发展。文化资源是民族文化旅游业的核心资源，也是文化旅游开发、设计、运营等一系列环节展开的基础。资源呈现形式、文化呈现内容、文化旅游产品的设计需要具有异质性，避免千篇一律的发展模式，这是核心竞争力形成的必要条件。

最后，民族文化旅游价值链更注重环境和消费者忠诚度管理。服务业具有生产与消费同一时空性的特征，优渥的生态资源是民族文化旅游的优势，良好的旅游环境有助于游客在消费过程中获得感知满意度。所以，生产和消费环境、消费者忠诚度管理是民族文化旅游价值链的重要活动内容。

(二) 民族地区特色小城镇价值链模型创建

1.民族地区特色小城镇价值链特征

民族地区特色小城镇价值链是结合民族地区特色小城镇建设的实际特点，利用民族地区特色小城镇的基础设施、产业发展和政府支持等相关条件，通过特色小城镇旅游产品的规划、设计、推广等活动，将民族地区特色小城镇的龙头企业、地方政府、社区居民、游客等价值主体形成一个相互依存的系统。

民族地区特色小城镇是文化旅游产品的一种特殊形态，既有作为民族文化旅游景区的一般性，又有以特色小城镇为载体发展特色产业的特性。因此，民族地区特色小城镇价值链具有民族文化旅游价值链的相关特征。

首先，民族地区特色小城镇与民族文化旅游景区相似，都是以价值增值为目的，将游、住、购、娱等服务活动进行组合。其价值链的节点由小镇的龙头企业、政府、社区居民、游客等构成，其中游客是价值的终点。在特色小镇价值传递和价值增值阶段，各类作业活动都起到了重要作用。通过构建民族地区特色小城镇价值链，有助于识别其核心竞争力，着重培育和保持其竞争优势，实现民族地区特色小城镇的可持续发展。

其次，民族地区特色小城镇与一般意义上的旅游类型价值链又存在一定区别。资源异质性催生出不同的旅游类型，进而导致核心吸引力的不同。核心吸引力不同，进一步导致给游客提供的旅游体验也有所不同。例如滨海小镇主要依托沙滩、海浪等自然资源，而民族地区特色小镇的核心资源是民族文化、生态环境、历史遗迹、民族特色产品等，核心资源主体的差异性必然导致了价值链中的活动对象、价值传递和增值路径的差异性。与其他类型的旅游景区相比，民族地区特色小城镇更具文化异质性，游客对不同民族生活习俗、生产生活习惯的猎奇期望更高。这一特质，决定了民族地区特色小城镇在价值链中的旅游景区营造、运营管理、营销推广等各方面的价值活动中会存在较大的差别，因此，也进一步导致了其核心竞争力与其他类型旅游景区的差异性。

最后，民族地区特色小城镇在地理区位、民族差异性、规模大小等方面都存在差异性，不同民族区域的特色小城镇尽管具有共同的价值链结构，但其基于不同的区域特征与民族特性，其产生价值的核心节点和来源也会有所不同。发达地区和欠发达地区，已发展成熟和正在发展中的民族地区特色小城镇各有不同，因而其价值链中的重要环节也会不一样。

总体来看，民族地区特色小城镇价值链模型的本质是通过政策支持，整合特色小城镇各类要素资源，组织各方力量，通过民族文化资源开发与保护、旅游景区规划、营销推广等活动，为民族地区特色小城镇游客、本地社区居民创造价值的一种结构。民族地区特色小城镇价值链构造好坏的标准在于为游客和居民创造价值的多少，即能为游客和本地社区居民带来多少具有可持续性的好处。

2. 民族地区特色小城镇价值链结构模型

根据波特价值链理论，民族地区特色小城镇的价值链同样也分为基本活动和支持活动两大部分。基本活动是民族地区特色小城镇的常规活动，是小镇内最基本的活动保障，支持活动则是通过辅助活动创造价值。从价值链的角度来说，民族地区特色小城镇竞争力的差异主要在于这两大活动的相互作用状态。民族地区特色小城镇的建设目标是以人的需求为出发点和落脚点最终实现经济效益、社会效益、生态效益的统一。民族地区特色小城镇价值链的最高目标是为游客和社区居民创造更多的经济价值、社会价值和生态价值。

通过分析民族地区特色小城镇价值链的目标，在探索民族文化旅游业价值链结构的基础上，结合民族地区特色小城镇和其他景区的特殊性，构建民族地区特色小城镇基本价值链模型，如图 3-1 所示。

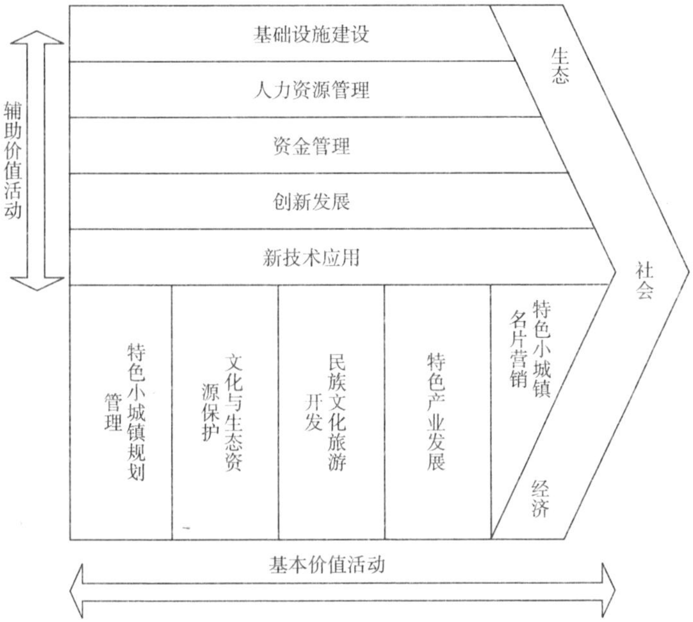

图 3-1　民族地区特色小城镇基本价值链模型

从图中可以看到，民族地区特色小城镇价值链的基本价值活动包括特色小城镇规划管理、文化与生态资源保护、民族文化旅游开发、特色产业发展、特色小城镇名片营销，辅助价值活动包括基础设施建设、人力资源管理、资金管理、创新发展和新技术的应用。

3.基本价值活动

民族地区特色小城镇的基本价值活动包括特色小城镇规划管理、文化与生态资源保护、民族文化旅游开发、特色产业发展、特色小城镇名片营销等。

特色小城镇规划管理：规划管理主要是确定特色小城镇的战略发展方向，从而实现特色小城镇发展目标的指导性价值活动，包括特色小城镇规划和特色小城镇运营管理两方面的内容。特色小城镇规划是特色小城镇建设的首要工作，是从宏观视角对特色小城镇做前瞻性预期发展设计，包括景区规划、功能分区、交通部署等方面；特色小城镇运营管理则是从微观视角，对特色小城镇建设人力、物力、财力等方面的工作做部署。

文化与生态资源保护：文化与生态资源的保护是民族地区特色小城镇可持续发展的前提条件。独特的文化资源、丰富的生态资源是民族地区特色小城镇价值实现的基础资源，也是民族地区特色小城镇建设的目的。文化与生态资源保护这一环节，是民族地区特色小城镇价值链中的重要组成部分，包括非物质文化遗产名目建设，历史文化遗迹保护法律、保护设施和举措等多方面的具体内容。

民族文化旅游开发：在保护文化与生态资源的基础上进行民族文化旅游开发，是提高民族地区特色小城镇吸引力的必要手段，是民族地区特色小城镇建设的独特优势资源。如果没有一定的旅游市场，民族地区特色小城镇的农产品、民族文化产业将会大打折扣。同时，旅游市场的开发也能有效地带动民族地区特色小城镇的基础设施建设，社区居民的收入渠道也随之增多。具体来看，特色小城镇的民族文化旅游开发包括旅游产品的规划设计、旅游线路的设计、景区宣传、导游解说、旅游商品开发等多方面的内容。

特色小城镇名片营销：营销推广是现代旅游发展必不可少的环节，是旅游景区吸引游客、扩大影响力的重要手段。作为一种新文化载体形式的特色小城镇，营销活动尤其不可或缺。民族地区特色小城镇名片的设定，除了要加强内在建设，争取政策支持之外，与特色小城镇的营销推广也息息相关。民族地区是一种新型的经济组织形式，它的营销活动不仅仅是单纯的旅游促销活动，也不是一种简单的广告行为，而是一套完整的特色小城镇名片塑造和品牌形象设立系统，其中包含了品牌定位、标示设计、营销研究等活动。

4.辅助价值活动

基本价值活动与辅助价值活动共同构成了民族地区特色小城镇的价值链，辅助价值活动包括基础设施建设、人力资源管理、资金管理、创新发展等方面的内容。

基础设施建设：基础设施建设是民族地区特色小城镇发展的重要保

障，良好的基础设施建设能为游客带来更好的游玩体验与满意度。总之，健全的基础设施涵盖了游客的吃、住、行、购、娱五个方面的要求，具体包括特色小城镇的通达性、规模适度的停车场所、数量充足的餐饮住宿设施、覆盖全面的网络通信、休闲游憩设施等。

人力资源管理：人员配置是特色小城镇建设的重要环节，高素质的管理者是提高特色小城镇整体管理水平的重要路径。特色小城镇的人力资源管理活动要在全面了解当地人力资源现状的前提下，提高从业人员的思想素质、职业素养，对人力资本现状做结构优化，包括了人力资源管理规划、从业人员的结构优化、关键岗位的职业培训、技术人员招聘措施。

资金管理：特色小城镇建设是近年来财政大力扶持的新型经济组织形态，在建设过程中，资金投入大、建设周期长、投资风险较高。民族地区的经济发展基础较为薄弱，资金短缺、资金来源面小是当前民族地区特色小城镇建设存在的普遍问题。在积极争取财政资金的前提下，民族地区的特色小城镇建设要强化资金预算，适度放宽特色小城镇建设的融资渠道，引导更多的社会资本参与建设。

创新发展：突出异质性是防止民族地区特色小城镇千城一面的关键手段。不同民族地区的文化与生态资源各异，提炼出本地区的文化内核与精髓，注重差异化，因地制宜地规划具有本地区特色的小城镇文化风貌。

新技术应用：特色小城镇作为产业发展、创新创业发展的重要平台载体，对创新性技术有较高的需求。近年来智慧景区得到了广泛的推广与运用，是新技术应用于旅游产业的典型表现。对于特色小城镇而言，需要通过新技术加强对历史文化遗产的保护与监察，还需要通过游客管理信息系统进行景区管理。

5.价值目标

民族地区特色小城镇的主要价值目标包括生态价值、社会价值、经济价值。

生态价值：民族地区生态环境较为脆弱，民族地区特色小城镇建设要保护当地的区域生态环境。与此同时，民族历史文化资源与生态环境息息相关，两者相辅相成。对生态环境强有力的保护有助于民族历史文化遗迹的保护，而对遗迹保护的重点保护也有助于维护当地的生态环境，两种形成一种良性循环，共同推进当地的生态文明建设。

社会价值：通过开发民族文化旅游及相关特色产业，传承与发展当地的民族文化，丰富当地特色小城镇的文化内涵，让更多的人了解本民族的文化特色。同时，特色小城镇能为本社区及周边居民增加大量的就业机会，维护民族地区社会稳定。民族地区特色小城镇建设对打造特色小城镇名片，提升特色小城镇形象，促进民族地区精神文明建设具有重要作用。

经济价值：在文化资源与生态资源保护的基础上，开发民族文化旅游产业，促进民族地区经济的可持续发展是民族地区特色小城镇建设的三大目标之一。民族地区特色小城镇发展旅游产业，首先需要推进的是基础设施建设，包括交通环境的改善、小城镇周边环境以及各类旅游配套服务设施建设等。在此之上，促进当地社区居民积极参与，增加收入渠道，实现民族地区特色小城镇的经济价值目标。

二、民族地区特色小城镇核心竞争力要素分析

（一）旅游目的地竞争力影响因素模型

旅游目的地竞争力一直是旅游理论研究的热点，国内外学者围绕旅游地竞争力影响因素开展专题研究，基于不同视角，构建各种旅游地竞争力分析模型。国外比较典型的有克劳奇和里齐构建的 C–R 模型概念，以及迪耶和金的 D–K 模型，国内有郭舒、曹宁构建的“核心六因素联动模型”和易丽蓉在 D–K 模型基础上构建的“TDC 五因素模型”，对以上模型进行分析，有助于加深对民族地区特色小城镇核心竞争力影响因素

的认识和理解。

1. Crouch & Ritchie 模型与 Dwyer & Kim 模型

C-R 模型是由克劳奇和里奇根据“波特竞争力钻石模型”提出的，Dwyer & Kim 对 C-R 模型进行修改新建 D-K 模型，如图 3-2 和图 3-3 所示。

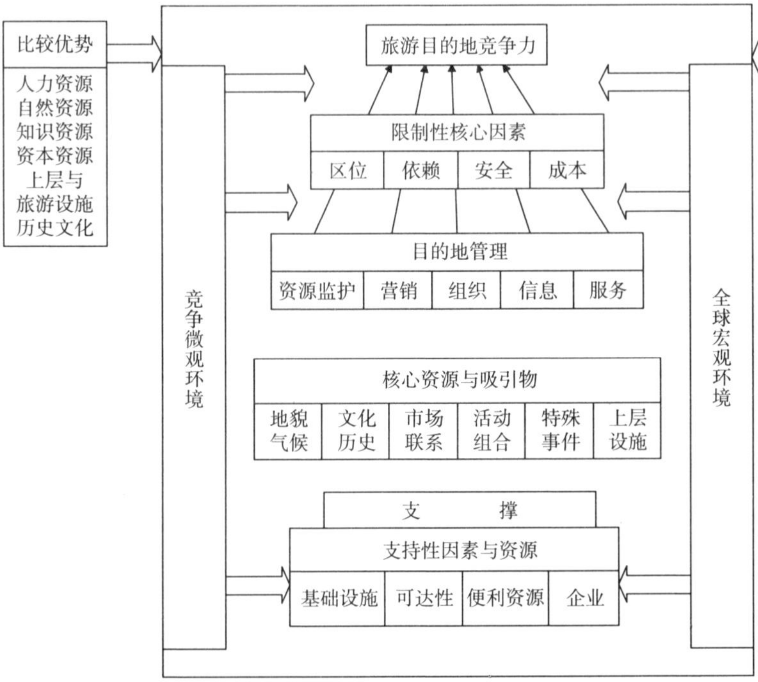

图 3-2 C-R 模型

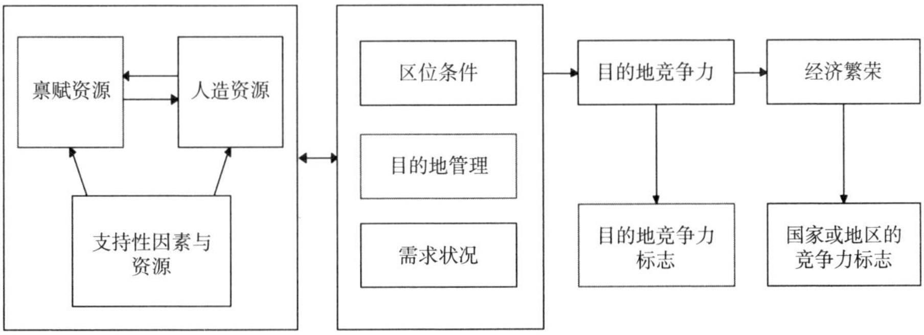

图 3-3 D-K 模型

两模型主体基本相似，包括核心资源与吸引物、支持性因素与资源、目的地管理和限制性因素 4 个部分，不同之处在于：

C-R 模型更加复杂，内容更丰富，该模型提出基础设施、可达性、便利性资源和相关企业构成旅游竞争力的支持因素和资源，为旅游竞争力提供保障；D-K 模型则认为支持因素和资源包括市场联系的因素，C-R 模式则将市场联系视为旅游地的核心资源和吸引物要素，体现 C-R 模型对市场联系的关注。

除了市场联系，C-R 模式中的核心资源和吸引物还包括地貌气候、历史文化、活动组合、上层设施等要素，D-K 模型则将核心资源和吸引物分成赋存资源和人造资源，突出赋存资源对于旅游地竞争力的重要性，并在模型中体现赋存资源和人造资源的相互影响关系。

区位、依赖、成本和安全等因素在 C-R 模型中被视为影响旅游地竞争力强弱的限制因素，在 D-K 模型中，区位条件与目的地管理、需求状态因素，与支持性要素、赋存资源、人造资源相互影响，成为影响旅游地竞争力的主要因素。

综合看，D-K 模型在 C-R 模型基础上，把赋存资源、区位条件、需求状况单独列出来，体现了资源、区位和市场对于影响旅游地竞争力的相对重要程度。

2. “核心六因素联动模型”和“TDC 五因素模型”

“核心六因素联动模型”由国内学者郭舒、曹宁根据对博士生问卷调查，结合前人理论所构建得到[1]；“TDC 五因素模型”是易丽蓉对 D-K 模型改进得出的。两种模型都化繁为简，并结合调查进行了实证检验。

“核心六因素联动模型”“TDC 五因素模型”（图 3-4 和图 3-5）与 C-R 模型和 D-K 模型的主体结构相差不大，基本都包含了支持性因素、资源禀赋、目的地管理、限制性因素和市场需求等主体因素，主要区别在于：

[1] 郭舒，曹宁. 旅游目的地竞争力问题的一种解释 [J]. 南开管理评论，2004(2)：95-99.

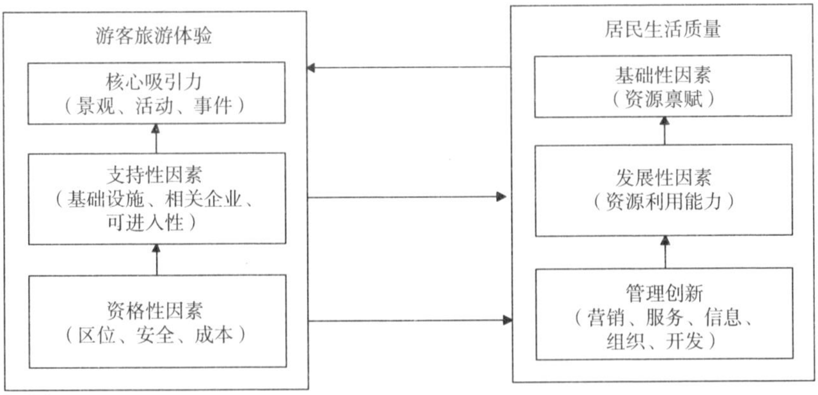

图 3-4　核心六因素联动模型

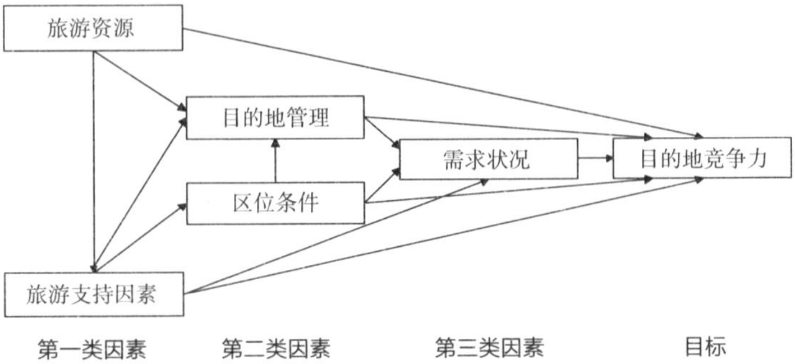

图 3-5　TDC 五因素模型

“核心六因素联动模型”主要对 C-R 模型进行了修改，TDC 五因素模型是基于 D-K 模型的修改。“核心六因素联动模型”在 C-R 模型基础上，将基础性因素（资源禀赋）单独列出，并增加了发展性因素（资源利用能力），将景观、活动、事件归为核心吸引力，突出资源禀赋及资源利用能力的影响，但核心吸引力中的景观本身也是资源禀赋，所以核心吸引力去掉景观，修改为人造资源比较合适，即 D-K 模型的分类比较合适。

“核心六因素联动模型”以人为基本点，强调人的主观感受。突出了游客体验和居民生活质量两方面的内容，模型认为资格性因素（区位、安全、成本）、支持性因素（基础设施、相关企业等）、核心吸引力（景观、活动、事件）等共同影响游客旅游体验，而管理创新（营销、服务、信息、组织、开发）、发展性因素（资源利用力）、基础性因素（资源禀赋）等对居民生活质量有重要影响，左边和右边的因素相互作用，对旅游地的竞争力造成影响。

将目的地管理改为管理创新，强调了创新，但具体内容忽视了保护；突出了资源利用能力是重要的发展性因素。另外，模型用箭头表示影响因素之间的相互作用关系，充分体现了系统思想。该模型没有考虑市场需求状况的影响。

"TDC 五因素模型"将旅游资源、支持因素、目的地管理、区位条件和需求状况分成了三类因素，旅游资源和支持因素是基础，区位条件和目的管理是竞争力保障，归类为第二类因素，需求状况作为限制性因素，归为第三类因素。该模型主要的改进在于对各因素之间的相互作用关系进行了深入研究，并将资源禀赋和人造资源合并为旅游资源，即为核心吸引物。模型突出需求状况的影响程度，更加简洁，运用性较强。

（二）价值链视角下民族地区特色小城镇核心竞争力要素分析

1. 民族地区特色小城镇核心竞争力的内涵辨析

根据核心竞争力理论，核心竞争力通常是在系统的规划与设计下，通过采取有针对性的措施，有计划、有组织、有目的地构建或强化某一对象的竞争能力和竞争优势。因而，在培育民族地区特色小城镇核心竞争力的过程中，通常存在着两种情形：一是，某一民族地区的特色小城镇没有找准自身的竞争优势，核心竞争力尚未形成，需要通过规划设计与有针对性的措施，找准优势定位并逐步强化，"从无到有"地形成自身的核心竞争力体系；二是，已建成的民族地区特色小城镇，已经在经营过程中形成了一定竞争优势，但还需要进一步强化，得通过一系列措施使核心竞争力"从有到强"。需要注意的是，尽管我们将民族地区特色小城镇核心竞争力的培育问题划分为"从无到有"和"从有到强"的两种情况，但这两方面的内容间并不是孤立分开的毫无关联的，需要进行统一的规划管理。从某种程度来说它们是特色小城镇的不同阶段，具有时间上继起，空间同一性。“从无到有”是核心竞争力的获取阶段，“从有到强”是核心竞争力扩散阶段，这两种阶段最终都要过渡至核心竞争力的整合阶段。因而，这两方面的内容在选择原则、途径应用等方面具有同一性。

与此同时，民族地区特色小城镇建设在生态、文化、基础条件等方面具有特殊性，因此，要想正确认识民族地区特色小城镇的内涵，还需要深度考量以下几方面的问题：

第一，民族地区特色小城镇建设是该“孤立自建”还是“整体推进”？民族地区特色小城镇的核心竞争力是由多方要素构成的一个整体，既涉及到文化传承、生态保护、产业发展等内在因素，也涉及到政策支持、管理能力等外部因素，是内部环境与外部支撑的综合统一。这些因素相互联系、相互作用、相互补充，缺少任何一种必要的资源或某一个环节整合不到位，都会影响其特色小城镇竞争优势的形成。因此，培育和提高民族地区特色小城镇核心竞争力必须树立整体观，从全局出发，发挥民族地区特色小城镇内外影响因素的整体特性和功能性。

第二，民族地区特色小城镇核心竞争力形成的内在基础是什么？任何主体企业、行业、各产业等核心竞争力的培育都需要夯实内在基础，特色小城镇的核心竞争力培育也遵循了这一规律。内在基础力是民族地区特色小城镇核心竞争力的重要组成部分，是民族地区特色小城镇自我发展能力的综合表现，通常表现在发展的基础条件、产业现状等方面。从民族地区特色小城镇的发展历程和实践来看，由于民族地区经济社会的相对滞后，内生发展力相对较弱，民族地区特色小城镇的内在基础力同样也具有天生的弱质性，尤其表现在基础设施、特色产业等方面的薄弱。因而，民族地区特色小城镇核心竞争力的培育在很大程度上有赖于内生基础力的强化提升。

第三，什么是民族地区特色小城镇核心竞争力形成的外在条件？内在基础力是民族地区特色小城镇核心竞争力形成的前提，此外还需要强有力的外力推动。因而民族地区特色小城镇除了依赖于自身优渥的自然与文化资源外，还需要强劲的政府支持与专业化管理作为支撑。这种外在条件一方面表现在政府的政策扶持，另一方面还表现在特色小城镇决策机构的管理水平，两者分别从宏微观方面为特色小城镇核心竞争力的培育提供外在支撑。因此，本研究将民族地区特色小城镇核心竞争力的外在支撑力分解为小城镇管理力与支持保障力。用于衡量当地政府在政策与服务上的支持力度，以及特色小城镇作为一个运用系统，在综合开发与营销推广上的能力。

第四，如何维持民族地区特色小城镇的核心竞争力？民族地区大多地处偏远，民族文化资源与自然资源丰裕，但生态系统相对脆弱，建设成本较高。因此，在特色小城镇的核心竞争力培育中，除了从内在基础与外在支撑入手，还要关注特色小城镇的可持续发展。在我国全面建设特色小城镇的政策背景下，挖掘民族地区特色小城镇的创新潜能与异质性，以特色小城镇为增长极，实现点、线、面的联动发展，是民族地区利用后发优势实现赶超发展的有效途径。

基于此，我们可以将民族地区特色小城镇的核心竞争力看作是在特色小城镇系统的基础上，基于一定时间和区域范围内产生的包含了多重要素的复杂整体。在小城镇创建培育发展的过程之中，通过对其依托的各种经济、社会、文化和制度环境等要素的不断改造最终实现资源的优化利用，使小城镇具备相较于其他特色小城镇更强劲、更持续的社会发展经济能力，进而形成特色小城镇的核心竞争力。

因此，本研究认为民族地区特色小城镇核心竞争力由内在基础（资源管理力、核心吸引力）、外在支撑（小城镇管理力、支撑保障力）构成，两者的交叉结合促成可持续发展形成。

2.民族地区特色小城镇核心竞争力要素分析

民族地区特色小城镇的基本价值活动主要包括特色小城镇的规划管理、文化与生态资源保护、民族文化旅游开发、特色小城镇名片营销等方面，辅助活动主要包括基础设施建设、人力资源管理、资金管理、创新发展、新技术应用等方面，通过价值活动实现民族地区特色小城镇三大价值目标：生态、社会和经济价值。结合民族地区特色小城镇核心竞争力的主要来源和上文旅游地竞争力影响因素模型的分析，基于民族地区特色小城镇的发展实际，构建出民族地区特色小城镇核心竞争力影响因素模型，即RCTS四因素模型，主要包括资源管理力（Resource Management）、核心吸引力（Core Attraction）、小城镇管理力（Town Management）、支持保障力（Safeguard Strength），四大因素相互影响，共同作用于民族地区特色小城镇核心竞争力（图3-6）。

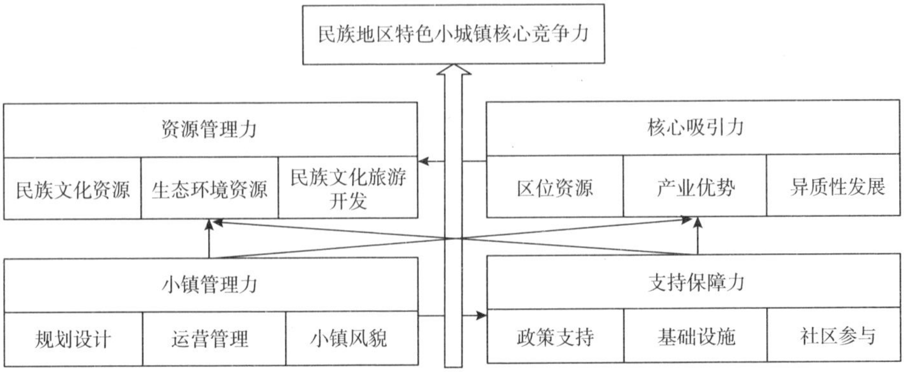

图3-6 民族地区特色小城镇核心竞争力四因素模型

（1）资源管理力。

资源管理力因素是特色小镇核心竞争力的重要组成部分，是对特色小城镇在文化资源、生态资源等各类资本资源等方面的衡量。民族地区特色小城镇建设依托于产业发展，而产业发展根植于当地的民族文化、生态资源等，若无资源依托，产业发展则无从谈起，小城镇建设更成为无源之水。然而，空有资源亦难以满足民族地区经济社会建设的要求，与资源相匹配的资源开发能力、资源优化调控能力等资源管理力是特色小城镇建设的首要前提。民族地区经济社会相对滞后，内生发展力相对较弱，资源管理能力具有天生的弱质性。因而，民族地区特色小城镇核心竞争力的培育在一定程度上是对资源管理能力的强化提升。可见资源管理力因素是民族地区特色小城镇核心竞争力形成的内在基础，表现在文化保护、生态保护与民族文化资源开发。

①文化保护。文化是一小镇区别于其他小镇的“特色”所在，也是构成文化竞争力的重要因素。而特色小镇竞争力提升的关键在于文化竞争力。有独特的文化特色和文化内涵才能赋予小镇以深厚独特的内在灵魂和独特认同感，提升文化竞争力最终实现特色小镇竞争力的提升。特色小镇建设与文化建设相结合，最终实现文化与小镇的融合发展也是政府关注的重要问题。《关于加快推进特色小镇文化建设的若干意见》(浙文法〔2016〕7号) 就指出了文化是特色小镇建设的必然要求，特色小镇的文化建设刻不容缓，应促进“文化建设 + 特色小镇”的互融互促发展。

在长期的历史发展进程中，民族地区相对闭塞的地理条件催生出风格迥异的文明体系，进而形成了各民族鲜明的文化特色和多样的文化形式，如民俗文化、宗教文化、地域文化等方面均呈现出显著的差异性。住房城乡建设部2017年发布的《关于保护和彰显特色小镇特色若干问题的通知》中明确指出要“传承小镇传统文化，不盲目搬袭外来文化”，可见传统文化是特色小镇建设的内核，是特色小镇的“魂”之所在。而民族地区特别是地理位置相对偏僻的民族地区聚居了我国较多特色鲜明的少数民族，区域文化差异显著。在国家级非物质文化遗产中，民族地区占到了三分之一以上，具有巨大的文化潜在价值，丰富的文化资源成为民族地区培育特色小镇的重要推手。与此同时，不少民族地区的镇村具有悠久的发展历史，除了已经被列入中国历史文化名镇、中国少数民族特色村寨名单的地区之外，还有很多文化底蕴深厚，但还未被充分挖掘、充分开发的镇村以及非物质文化遗产。未来，民族地区可以基于本区域的历史文化特色打造特色小镇，整合本民族的相关文化资源，在传承本民族文化精髓的基础上弘扬民族文化，将特色小镇建设与保护本民族历史文化资源相结合。

②生态保护。特色小镇竞争力提升的另一稳固力在于生态竞争力。良好的生态环境是特色小镇发展的生态基底，不仅能促进人居生态环境

的改善，还能促进小镇经济的转型升级，实现产业结构的优化。民族地区大都位于祖国的边陲之地，地形复杂多样且多为山地高原，海拔相对较高。其中，西藏、甘肃、新疆等地土壤环境较差，荒山、沙漠、戈壁滩等地形较多；贵州、云南、宁夏等地则处于山区及丘陵地带，地势起伏变化大，沟谷幽深。因而，民族地区所处的区位环境给产业及城镇化发展带来了困难，东部沿海发达地区培育大城市、特大城市吸纳人口，制造增长极效应的城镇化发展路线，难以复制到民族地区，大力培育特色小镇的发展模式应当成为民族地区城镇化建设的有益探索。一方面，特殊的地形条件在一定程度上决定了民族地区在培育特色小镇时不能“摊大饼”，而是要因地制宜地根据地理区位条件，合理选择产业，找准定位，建设“小而美”“小而精”的特色小城镇；另一方面，特殊的地形条件也为民族地区特色小城镇带来了独特的生态环境，大部分民族地区自然资源开发利用程度较低，较好地保留了原始的自然景观，例如内蒙古的草原牧区风光、贵州的黄果树大瀑布、西藏的喜马拉雅山脉等，这些草原、沙漠、山峦、喀斯特地貌等自然景观能有效带动旅游产业，从而借助创建旅游景区的目标来打造特色小镇，此外，我国的特色小镇培育一直以来都坚持生态优先，民族地区优渥的生态资源，为走出生态友好型特色小城镇奠定了基础。

③民族文化资源开发。特色小镇的旅游开发是建立在文化与生态资源保护的基础上，依托民族地区独特的民族文化资源进行旅游开发，是民族地区特色小镇产业发展的主要方向。这类文化旅游开发的经济模式是，以本地区的民族文化资源或自然资源为依托，组织、举办民族节庆、民族歌舞、宗教祭祀等各类活动。根据不同民族地区的资源禀赋、文化特点，不少民族地区特色小镇开发出类型各异、大小不一的文化旅游景区，成为民族地区旅游产业发展的重要引擎，如文旅特色小城镇广西贺州黄姚古镇、大理喜洲特色小镇等。这类特色鲜明的民族文化旅游资源开发通过吸引游客的注意力，使游客到不同的民族文化区域体验不同的自然事物、风土人情、传统文化和民族习俗等，满足游客探索求异的需

求。通过民族地区特有的民居建筑、饮食习惯、民族服饰等，构建出生动的民族风情，能给游客带来原始、新颖、神秘的游玩体验，又能借助于民族文化旅游开发的契机，传承与弘扬中华优秀传统文化，增强民族文化自信，凝聚文化认同。文化是民族文化旅游开发的核心要素，此外民族地区优渥的生态资源也起到了重要作用。自然风光秀丽、地质地貌景观独特的地区既是我国重要的生态屏障，在维护生物多样性和气候涵养等生态保护方面起着重要作用，同时亦可进行生态旅游资源开发，进行观光旅游，如建立田园综合体、湿地公园、生态文化博物馆等。需要注意的是，在旅游观光开发的过程中，保护是第一要义，必须注重对原始生态资源与民族文化的保护，防止生态环境的破坏与民族文化的异化。

(2) 小镇管理力。

①规划设计。特色小镇的规划设计是特色小镇建设的首要工作，是特色小镇培育创建的首要前提，决定了特色小镇的规模大小、发展方向及类型等。科学的规划设计是民族地区特色小镇发展的指导纲要。规划管理是规划编制、审批和实施等管理工作的总称，特色小镇建设既是一个复杂的重大项目，也是一种新型的景区，规划设计工作尤为重要。在特色小镇申报和建设之初就应当做好规划工作。特色小镇规划包括总体发展规划和项目详细规划，具体涉及民族历史文化遗迹保护规划、民族文化旅游开发规划、民族文化资源保护与传承发展规划等。通过规划设计，能很好地确定民族地区特色小镇的发展目标，进行有针对性的民族文化资源、生态环境资源等区域资源的保护计划，并在规划中提出特色小镇发展的对策和解决方案，对特色小镇旅游产品开发、游玩项目开发、旅游配套设施等方面的建设思路。

②运营管理。运营管理在竞争过程中具有举足轻重的地位，是组织者管理、规范组织发展的重要手段。运营管理涉及组织运行、发展的方方面面，除价格、质量、形式、时间、效率的竞争之外，还要考虑基于服务、品牌、企业形象、社会责任的竞争。尤其在高质量发展的当下，可持续发展、全面发展等问题日益受到关注。特色小镇的发展运营更是

如此，需要兼顾运营管理的方面更多、更细。民族地区特色小镇核心竞争力的培育离不开强有力的运营管理水平。例如乌镇的成功大部分原因在于决策机构具有优秀的运营管理水平，使乌镇从破烂小镇变为中国名片，不但使乌镇在江南古镇中经营效益名列前茅，而且打响了中国古镇第一的名号。乌镇由观光小镇到度假小镇再到文化小镇的转变，离不开其善于应对竞争，善于创造资源产品和精神形态的差异，从而成为成熟的商业模式，最终形成独树一帜的竞争优势。

③小镇风貌。民族地区特色小镇具有鲜明的地域特征和文化特征。一般而言，文化的差异性反映和体现于特色小镇的风貌之中，文化内核不同，小镇风貌自然不同。特色小镇内民族文化资源的类型、品质、数量等，是影响特色小镇竞争力的关键因素，通过整理这些民族文化资源，可构建独具特色的小镇风貌。特色小镇风貌涵盖了社区内的居民生活、历史文物、民族风情、社会氛围等基本情况，主要包括特色民居、历史古迹、民族文化艺术团体等烘托特色小镇民族文化氛围的相关事物。文化内核、文化特色依托于小镇风貌得以外显，因此，在小镇规划、管理、运营的各个环节中，以独特的小镇风貌凸显核心竞争力是特色城镇建设中的重要思路。

(3) 核心吸引力。

①区位资源。民族地区特色小镇具有民族文化旅游的功能，区位资源条件的优劣对游客体验感有较大影响，是民族地区特色小镇核心竞争力的重要组成部分。民族地区特色小镇区位资源条件是指其所在的地理区位、旅游发展水平、区域经济发展水平等因素。首先，地理区位条件十分重要，该特色小镇是位于城市还是乡村，位于山区还是平原，与中心城区的距离等区位因素影响着游客来访。在其他区位条件相近的情况下，距离中心城区较近，交通通达性较好的特色小镇更容易吸引到游客。其次，生态环境是民族地区特色小镇旅游资源开发的前提保障。特色小镇内的生态资源与所在区域的生态资源质量相辅相成。特色小镇外部的区域生态资源如若过度开发、无序开发，所导致的空气和水资源污染，

也会影响到特色小镇风貌。特色小镇内的旅游路线设计不合理，无序管理下的机动车噪声扰人、尾气污染，也会影响到特色小镇的生态环境。再次，区域经济发展水平为特色小镇的发展奠定了经济基础。一般而言，区域经济发展水平与该区域的居民生活水平相适应，可支配收入较高的居民对情感体验的需求更高，因而对旅游的需求更高，同时良好的区域经济发展水平能促进当地的旅游基础设施建设，为游客创造更舒适的旅游环境。

②产业优势。独有的特色产业优势是民族地区特色小镇核心竞争力提升的关键。产业是特色小镇发展的基础，因而产业竞争力是决定特色小镇竞争力和生命力的关键要素。纵观全国乃至全球闻名的小镇，不难发现，它们都拥有坚实的产业支撑，并因独特的产业而焕发出极强的生命力和可持续发展能力。小镇为特色产业发展提供空间平台，而特色产业发展为小镇注入强劲的生命力，成为特色小镇发展的关键所在。民族地区具有丰富的文化资源与独特的生态环境，可以通过挖掘特色民间技艺、特色中医药、特色手工艺品等传统技艺，形成独具特色的产业。例如贵州黔东南苗族侗族自治州的蜡染产业、恩施土家族苗族自治州的富硒产业等，都是依托当地独有的生态及文化资源形成的产业，具有独特性、不可复制性。因而，民族地区在特色产业的选择上具有一定优势，能将本地区、本民族在历史进程中遗留下的特色产业培养成自身发展的优势产业，进一步提升特色小镇的核心竞争力。可从企业数量、产业园区建设、龙头企业规模、从业人员收入、社区参与度进行分析考量。

③异质性发展。特色小镇发展的类型、模式是多元多样的。“异质”与“同质”相对，是特色小镇保持生命力的又一关键因素。特色小镇的“异质性”体现在资源的异质性、文化异质性和经营模式的异质性等方面。通过优化配置异质性的资源，构建特色的商业运营模式，才会避免其他小镇的竞相模仿，形成自己的独特优势。如前文所述，资源异质、文化异质是特色小镇培育特色产业的基础，是小镇竞争优势获得的主要来源，而经营模式的异质性则是特色小镇发展能否实现高质量的重要指

标。目前，民族地区乃至全国的特色小镇发展都是以政府为主导，开发商、企业和相关金融机构等主体参与共建起来的，以旅游为主要功能拓展，旅游特色小镇为主要运营模式、发展类型。要从本质上实现特色小镇的异质发展，不仅要基于资源、文化的独特性，还要注重开发模式的选择，以差异化的开发实现核心竞争力的提升。因此，科技与创新发展尤为重要。民族地区特色小城镇在充分尊重当地文化资源和自然环境的前提下，不断进行文化创新、产业创新、内容创新，在目前国内特色小镇“千镇一面”发展局面的情况下，打造出民族地区特色小镇的创新发展之路。

(4) 支持保障力。

①政策支持。政府在特色小镇发展中占据了重要地位，是特色小镇建设的主要推动者。尤其在经济发展相对滞后的西部民族地区，政府的作用更加凸显。近年来，为解决我国经济发展不平衡、不充分问题，重点加大了对民族地区社会经济发展的扶持力度。国家历来重点支持民族地区的精准脱贫以及优势产业的发展，扶持民族地区共步小康社会；在扶贫攻坚战略中，也加大了对民族地区的倾斜力度，包括在专项资金、驻村帮扶、民贸民品上的政策倾斜，还加大了对民族地区特色村镇的支持，优先将符合条件的贫困少数民族聚居村增补为少数民族特色村镇。民族地区在培育特色小镇的同时，可以整合相关扶持政策，发挥民族地区的后发优势，增强特色小镇的政府支持力。此外，政府的政策支持和财政保障亦会引导文化旅游产业的发展，同时政策规制、财政鼓励等方式对社会资本产生导向性作用，以此引导、鼓励特色小城镇文化旅游产业的发展方向，促进产业发展和小城镇建设融合发展。

②基础设施。完备有序的基础设施建设、公共服务提升是提升特色小镇核心竞争力的基础。基础设施是特色小镇正常运营的物质基础与运行保证，民族地区不同于东部发达地区拥有良好的区位条件和便利的交通条件，相较于东部发达地区，民族地区的区位优势相对较弱，因而完备的基础设施建设是特色小镇核心竞争力提升的基础，亦是提升特色小

镇核心竞争力的重要基本点。旅游基础设施是影响游客体验感和地方居民生活质量的重要指标，旅游目的地、景区发展获得长期竞争力的重要法宝。同时，在特定的条件下，基础设施可以异化为旅游吸引物，成为游客拍照打卡、旅游观光的场所，为旅游目的地带来一定的客源。基础设施的完备性可通过公共交通是否便利性，交通基础设施建设质量是否很好、公共休闲游憩设施完备度来进行考量。同时，智慧景区打造，智慧化建设是未来特色小镇培育和发展的重要方向，需要因地制宜通过信息化手段，打造宜居、宜业、宜游的智慧化生活生产生态融合发展的特色小镇。本研究也采用实地调研的方式判断特色小镇的基础设施建设。

③社区参与。民族地区特色小镇建设的社区参与，主要表现在特色小镇对周边居民的辐射带动力，主要表现在附近的社区居民为提高特色小镇的核心吸引力，自发参与特色小镇建设。民族地区经济基础薄弱，需要政策的大力支持，这类外部支持力量固然重要，但更需要来自于社区内部的发展力量。民族地区的城镇建设，旅游资源开发、旅游产业发展等与当地居民的社会参与、文化参与、政治参与、经济参与息息相关。旅游景区的规划设计、开发管理、运营维护等旅游产业发展的各个环节均离不开居民的参与与支持。从旅游产业发展的一般规律来看，社区参与能力与旅游市场的带动力相辅相成，强大的旅游市场，通常都有强有力的辐射带动能力。在拥有广泛的社区居民参与的情况下，民族地区特色小镇的内生发展力会显著增强，有助于竞争力的提高。因此在特色小镇建设中，尤其要注重社区居民的利益，形成一个良好的利益分配机制，不断激发周边社区居民参与特色小镇建设，使特色小镇成为区域增长的一个极点，通过促进增长极效应的产生能够很好地促进整体的区域经济发展，催生出更多的就业岗位，从而有效维护民族地区的长治久安。

第四章　基于多因素分析的民族特色小城镇核心竞争力比较：以月柿小镇与苗寨风情小镇为例

本书共选取两处典型的民族地区特色小城镇进行核心竞争力比较分析，分别是广西桂林市恭城县莲花镇和黔东南州雷山县西江镇。通过比较研究，找出民族地区特色小城镇建设的症结所在，从而为培育民族地区特色小镇核心竞争力提供实践经验。其中恭城瑶族自治县莲花镇因独特的壮瑶风情著名且月柿产业发展良好而入选广西首批4个特色小镇之一，被冠以“月柿小镇”的美誉，因此下文简称“月柿小镇”；西江镇是全国最大的苗寨，镇人民政府驻地位于离“西江千户苗寨”不远处的甘荣村，西江镇主要因千户苗寨在全国范围乃至世界享有较高的知名度，是著名的民族文化旅游胜地，因此下文简称“苗寨风情小镇”。这两处特色小城镇同属首批中国特色小城镇，民族文化资源与生态资源丰富且独特。但相较江浙沿海地区的特色小城镇，在资源管理力、运营管理力、核心吸引力与支持保障力上仍存在一定差距，产业发展普遍滞后，在民族地区的特色小镇建设中具有一定的代表性。由桂林旅游学院、中南民族大学、凯里学院、贵州民族大学组建的特色小镇调研团队对恭城月柿小镇和西江千户苗寨进行了全面的田野调查，向特色小镇管理人员、居民、政府机关工作人员等社会群体共计发放调研问卷400多份，与桂林恭城特色小镇建设指挥部和贵州省西江千户苗寨文化旅游发展有限公司开展了深入的访谈。其中，调研团队对广西莲花镇开展了为期三周的实地调研。实地考察了特色小城镇内的基础设施、文化、产业、生态等方面情况，共计发放调研问卷200余份。此外，先后两次前往西江苗寨风情小镇开展实地调研，协同雷山县旅游局，与当地的文旅龙头企业进行了深入访谈，实地考察了西江苗寨风情小镇的文旅产业、人居环境、民族文化保护情况等多方面的内容，共计发放调研问卷200余份。全面掌握了两处特色小镇的建设进展，获取了丰富的数据资料，为接下来的比较分析研究奠定了坚实基础。

一、月柿小镇与苗寨风情小镇的资源管理力比较

（一）恭城月柿小镇资源管理力特征

1. 民族文化资源存量丰富，但开发与保护力度欠缺

（1）月柿小镇的民族文化资源较为丰富。莲花镇是一个典型的瑶族村镇，瑶族人口居多，占全镇总人口的95%。从实地调研情况来看，莲花镇的文化资源较为丰裕，以长鼓舞为代表的民族歌舞，以油茶文化节、月柿节为代表的民族饮食文化活动等，全面展现了莲花镇浓郁的瑶族文化风情。调研问卷结果显示，31.82% 的受访者认为莲花镇的民族文化资源比较丰裕。

（2）月柿小镇对民族文化资源的保护措施尚处于起步阶段。从实地调研情况来看，莲花镇所在的恭城县开始逐步加大对瑶族民族文化资源的保护力度，采取了多种民族文化保护措施，包括宣传非物质文化遗产保护名录、培训瑶族山歌传承人、保护与发展少数民族特色村寨，但瑶族语言、保护力度还有待加强，调研问卷结果显示，34.85% 的受访者认为莲花镇对民族文化的保护力度一般。

（3）在民族文化运用上有一定地域特色。莲花镇是典型的瑶族特色

小镇，在建筑风格上与瑶族风格相符，保护了瑶族建筑的外部传统风貌。此外，月柿小镇融合了瑶族艺术、瑶族饮食、瑶族礼仪等诸多凸显瑶族特色、瑶族文化的方面。调研问卷结果显示，31.3% 的受访者认为月柿小镇建设与瑶族特色相符合，较好地运用了民族文化元素。

（4）恭城月柿小镇关于国家级非物质文化遗产的存量尚处于空白阶段，但拥有一定数量的省市级的文化遗产。根据实地调研情况，莲花镇所在的恭城瑶族自治县自 2007 年开始落实非物质文化遗产保护工作，目前已有被列入自治区级非物质文化遗产保护名录 9 项，13 项被列入市级，15 项被列入县级，形成分层分级保护列入的文化遗产保护现状。

2. 生态环境有所改善，但卫生环境有待提升

（1）从恭城月柿小镇的生态环境保护力度来看。借助农村人居环境整治的推进，莲花镇对生态环境保护的力度逐年加大，对镇内的国家一级古树小叶榕做了重点保护，人居环境有了较大的改善。调研问卷结果显示，38.89% 的受访者认为莲花镇生态环境保护的各项工作基本落实。

（2）恭城月柿小镇内的环境卫生质量还有需要完善的地方。从实地调研情况来看，1.5 公里长的月柿景观大道完成绿化美化，成为特色示范街区，莲花镇环境卫生质量情况总体较好，但在部分新建及翻修的景点处，建筑材料散乱丢弃的现象较为普遍，同时还未完成生活垃圾的统一回收处理，垃圾桶数量不能满足居民需求，存在生活垃圾随处丢放的现象。调研问卷结果显示，39.9% 的受访者认为莲花镇的环境卫生质量一般。

3. 民族文化旅游开发层次尚浅，尚未实现智慧化

恭城月柿小镇近年来逐渐加大对旅游产业的扶持力度，旅游基础设施建设有所提升，但旅游市场相对较小，还没有形成较高的知名度。从实地调研情况来看，莲花镇对景区进行了大量的新建与翻修，人行道铺设、路灯安装等项目让街道变得宽敞、靓丽，在第一次调研过程中有部分景区因施工禁止游客进入，大量建筑建材摆放在景区公共区域，休闲绿化空间、休闲座等设施数量不足，严重影响小镇正常生活出行交通。第二次调研过程中道路已修建完毕，休闲公共设施集中建设在休闲广场，但在人口流量相对较大的镇上则没看见公共座椅这类休闲设备。总体来看，莲花镇内的公共休闲游憩完备度有待提升。在网络基础设施建设方面，虽然当地建设指挥部说实现了 Wi-Fi 全覆盖，但未能充分利用互联网技术对基础设施、自然资源、工作人员、游客行为等方面进行信息化管理，智慧景区打造进程较为滞后。

(二) 西江苗寨风情小镇资源管理力特征

1. 民族文化资源丰富，开发与保护力度较高

(1) 在民族文化资源方面，西江千户苗寨因文化旅游资源存量丰富、保存良好被誉为苗族传统文化的露天博物馆，是游览和研究苗族传统文化的大看台。作为全世界最大的苗寨，西江苗寨风情小镇内的吊脚楼、风雨桥、语言、服饰、苗寨歌舞等不但典型且凸显苗族风情，而且保存较为完好，是研究民族文化艺术、民族语言、民族特色建筑的重要基地。调查问卷结果显示，36.1% 的受访者认为西江苗寨风情小镇的民族文化资源很丰裕。

(2) 对于苗族文化传承与保护，西江苗寨形成了切实可行且相对完善的保护传承制度。为了切实有效地保护珍贵的传统民族文化激励当地居民保护民族文化的热情，西江苗寨风情小镇探索出“西江千户苗寨民族文化保护评级奖励制度”，通过《西江千户苗寨文化保护评级奖励办法》的制定出台，充分带动社区居民参与民族文化保护的积极性。由此增强社区居民的文化自觉与文化自信，有 20 余户苗寨居民开办了苗族文化博物馆。调查问卷结果显示，52.2% 的受访者认为西江苗寨风情小镇对苗族传统文化的保护与传承力度强。

(3) 西江千户苗寨内对文化元素做了较好的运用，苗寨内的民族风情十分浓郁。从实地调研情况来看，西江苗寨风情小镇内建有“古歌堂”“鼓藏堂”“刺绣坊”“银饰坊”“米酒坊”等多个展现民族歌舞、苗鼓、刺绣等民族工艺的文化点；在各个民族节庆期间，小镇内举办丰富多彩的庆典活动，例如“吃新节”“苗族古歌活动”等；为了更好地开发利用苗

族传统文化，满足游客的夜游需求，小镇内还打造了多处村寨夜景工程，20 多个文化体验点，让游客充分体验苗族的传统酒礼高山流水敬酒酒仪；小镇内售卖的手工艺品以苗族刺绣、银饰锻造、蜡染制作为主，较好地利用了苗族的传统文化元素。调查问卷结果显示，57.07% 的受访者认为西江苗寨风情小镇很好地运用了苗族文化元素。

（4）西江千户苗寨的非物质文化遗产等级较高，保护力度较大。西江苗寨风情小镇所在的雷山县共有 13 项国家级非物质文化遗产，遗产存量丰富且独特。

这些非物质文化遗产在小镇内都有所体现，例如苗绣、苗寨吊脚楼营造技艺、苗族铜鼓舞、苗族芦笙制作技艺、苗族银饰锻制技艺等民族技艺、苗族飞歌等民族艺术。

2. 旅游开发带来的知名度很高，但生态环境问题相对突出

（1）西江千户苗寨的民族文化旅游市场已经发展较为成熟，大量的游客带来较大的生态环境压力。西江苗寨风情小镇内的景观环境特点鲜明，作为山地村落，对生态环境的保护也是对苗族传统文化的有力维护，但随着游客的逐年增加，也给西江苗寨的环境承载力带来考验。调研问卷结果显示，43.41% 的受访者认为西江苗寨风情小镇的生态环境保护力度一般。

（2）从实地调研和访谈情况来看，西江苗寨风情小镇的环境卫生质量虽整体较好，但受各种因素影响也没能做到尽善尽美，在实地访谈中，当地环卫工人和小摊主们也谈到“当来本地游客聚集很多时，导致垃圾堆积很多，垃圾散发出的味道让人受不了，有的饭馆开在河边，河里都是油”。当地也意识到这种生态环境问题的存在，2011 年起西江苗寨开始修建污水处理厂，历经多年的污水整治，已经从根本上杜绝了污水横流现象，调研问卷结果显示，41.46% 的受访者认为西江千户苗寨的环境卫生质量较好。

案例 1：

访谈时间：2020 年 7 月 6 日傍晚

访谈地点：西江镇

访谈对象：小吃街烤串老板，男，30 多岁

问：建设特色小镇对您的日常生活有没有影响？

答：很有影响，以前我就是个打工仔，之后因为这边搞旅游了我才回来谋生的，现在也娶了媳妇有了儿子，生活也算是圆满了。

问：你家庭主要收入来源是什么？

答：嗯，现在主要在小吃街这里开个烧烤店铺。

问：相较未被确定特色小镇前，小镇建设对你的收入有什么影响？

答：可以说以前我都是没收入的嘛，哈哈。

问：现在一年平均收入多少？

答：一年差不多 10 万块钱吧。

问：你个人对特色小镇建设是反对还是支持？理由是什么？

答：支持的，我觉得这个旅游不仅是对我个人带来好处，对整个西江人民都带来好处，现在人人都有了赚钱的能力，只要你勤快就有吃的。还有因为旅游发展起来了，我们的民族文化更多地被挖掘出来，并且展现给客人看，这样我们的文化才能被记住和留存下去。

问：当前特色小镇建设还有哪些要改善和完善的地方？

答：有几点，垃圾清理不到位导致垃圾桶散发的味道太强烈了，还有景区对游客的路线引导不是很到位，让一些游客留下不好的印象。就比如找不到具体位置或者去的景点没有看点。

问：希望政府增加哪些惠民政策或行动？

答：其实有一些人在做关于民族文化的传承产业，我觉得这方面应该多多扶持和鼓励他们。

3. 民族文化旅游开发较为成熟，市场规模较大

西江苗寨风情小镇已基本实现智慧旅游管理，作为世界最大和苗族

文化传统保持得最完全的区域，近年来游客接待人次逐年递增，仅2018年第一季度西江景区接待游客就达到了189.72万人次，旅游综合化收入达到了16.13亿元。火爆的游客接待量也给西江景区的管理提出了考验，为此西江苗寨风情小镇建立了智慧中心，智慧中心通过管理各类数据，调动景区的观光车、摆渡车和景区工作人员。从实地调研情况来看，西江苗寨风情小镇已通过大数据分析，基本实现服务无死角，西江苗寨风情小镇旅游业态较为饱满，公共绿地、座椅等公共休闲设施充足、完备（图4-1）。

图4-1　千户苗寨公共休闲区域较多

（三）比较分析（表4-1、表4-2）

表4-1　民族地区特色小镇资源管理力游客满意度调查表

等级						
民族文化资源	文化资源丰度	很丰裕	丰裕	比较丰裕	一般	不丰裕
	文化保护力度	很强	强	比较强	一般	不强
	文化元素应用	很好	好	比较好	一般	不好

续表

等级						
生态环境资源	生态保护力度	很强	强	比较强	一般	不强
	环境卫生质量	很好	好	比较好	一般	差

表 4–2　月柿小镇与千户苗寨资源管理力比较

资源管理力比较		恭城月柿小镇	西江千户苗寨
民族文化资源	文化资源丰度	31.82% 的受访者认为莲花镇的民族文化资源比较丰裕	36.1% 的受访者认为西江苗寨风情小镇的民族文化资源很丰裕
	文化保护力度	34.85% 的受访者认为莲花镇对民族文化的保护力度一般	52.2% 的受访者认为西江苗寨风情小镇对苗族传统文化的保护与传承力度强
	文化元素应用	31.3% 的受访者认为月柿小镇建设与瑶族特色相符合，较好地运用了民族文化元素	57.07% 的受访者认为西江苗寨风情小镇很好地运用了苗族文化元素
生态环境资源	生态保护力度	38.89% 的受访者认为莲花镇生态环境保护的各项工作基本落实	43.41% 的受访者认为西江苗寨风情小镇的生态环境保护力度一般
	环境卫生质量	39.9% 的受访者认为莲花镇的环境卫生质量一般	41.46% 的受访者认为西江千户苗寨的环境卫生质量较好
	民族文化旅游开发	恭城月柿小镇近年来逐渐加大对旅游产业的扶持力度，旅游基础设施建设有所提升，但旅游市场相对较小，还没有形成较高的知名度	西江苗寨风情小镇已基本实现智慧旅游管理，成为苗族文化传统保持得最完全的区域

首先，恭城月柿小镇与西江千户苗寨的民族文化资源比较：西江千户苗寨的民族文化资源在世界范围内都具有独特性，而恭城月柿小镇的瑶族文化则相对缺乏特征性，因而在资源的整合与旅游开发上远远落后于西江千户苗寨。

其次，恭城月柿小镇与西江千户苗寨的生态环境资源比较：西江千户苗寨与恭城月柿小镇同处于民族地区，生态资源丰富，但西江苗寨生态环境相对脆弱，在产业发展中极易造成环境污染。

最后，恭城月柿小镇与西江千户苗寨的民族文化旅游开发比较：通过上文分析和比较可知虽然二者都处于民族地区，西江千户苗寨风情小镇文化资源和生态资源存量丰富，种类繁多。在民族文化旅游资源的重视和开发的程度上无疑是领先于月柿小镇，依托于深厚的苗族文化和较为智慧化的管理，西江千户苗寨借助贵州大力发展旅游的契机，民族文化旅游资源开发相对较早，特色小城镇建设相对成熟；而恭城月柿小镇虽然也有独特的民族文化支撑，民族文化旅游资源开发的力度则稍逊于西江千户苗寨风情小镇，旅游市场相对狭小，知名度相对较低。

二、月柿小镇与苗寨风情小镇的小镇管理力比较

（一）恭城月柿小镇运营管理力特征

1. 制定了总体规划，但建筑风格有短板

莲花镇享有中国“月柿之乡”的美誉，作为恭城县最大的水果与农产品集散中心，月柿产业发展独特，农家乐发展成熟。因此结合莲花镇独特的瑶族风情，逐渐形成了以月柿产业与旅游产业相融合的发展思路。为此编制了《恭城瑶族自治县莲花镇总体规划（2018—2035）》，规划对莲花镇月柿产业和旅游产业的发展做出整体部署。全方位保障了产业发展与民族文化的保护传承。此外，政府还启动了恭城县莲花镇（月柿小镇）产业政策研究与核心区建设规划，核心区规划总面积3.87平方公里，规划建设甜蜜事业核心示范园、生态恭城月柿示范园提升项目、小镇会客厅、月柿主题文化街提升改造和月柿大道提升改造、智慧城市电子商务建设等项目。从前后三次实地调研情况来看，莲花镇规划逐渐完善，并通过了验收。广泛实施了村屯绿化、道路硬化、饮水安全工程，基础设

施建设也在逐步完善，镇区整体路网布局进一步优化，综合管线下地工程消除了空中“蜘蛛网”，但道路、绿化、建筑项目等方面仍存在短板。调研问卷结果显示，有 46.97% 的受访者认为莲花镇的规划布局一般，当地居民在访谈中透露个人并不喜欢在自家门店前设一道拱门，在公共基础设施建设上还有很大的完善空间，与调研团队的实地考察情况相符（图 4–2）。

图 4–2　改造前后的莲花镇街道建筑

2. 建设项目整体运营尚可，但缺乏专业宣传人才

首先，在特色小镇的建设项目运营方面。莲花镇以月柿产业、乡村旅游、文化风情、生态宜居为特征的生态型特色强镇为导向，是广西发展较快的特色小镇，在项目建设上强调“绿色村屯”的主体。2014 年以来，莲花镇按照统一设计、施工、验收的要求，结合当地的瑶族风情对沿公路街区、房屋进行风貌改造。在房屋、街区建设上融入瑶族风情，统一规划建设“坡屋顶、小青瓦、白粉墙、吊脚楼、木格窗”等富含瑶族元素的建筑。在积极发展月柿产业的基础上经营绿色生活。调研问卷结果显示，有 41.92% 的受访者认为莲花镇的建设项目与月柿小镇的协调度较好。

其次，在特色小镇的营销推广方面。莲花镇是广西特色小镇建设的典型代表，正在创建中国月柿特色小镇和新型城镇化示范乡镇建设，在广西本地具有较高的媒体关注度，但受全国的媒体关注度较小，远不及浙江地区的特色小镇。在营销推广方面做得不是很到位，除了每年10月进行的“恭城月柿节”大力宣传外，并没有用过多的方式进行营销推广。来当地游玩的人也多是在个人新媒体平台上进行分享，并没有系统性和针对性。在笔者实际调研中，主管协调的周副镇长也提到“除了存在的一些客观问题外，还缺乏人员配置，特色小镇指挥部的人员是从各个部门抽调人员组建的，没有专门人事配额，导致虽然有创新工作想法，但因人力、物力和精力等原因没法落到实处，因为我们这些工作人员还要兼顾下面对应村组的扶贫工作。目前主要是由一位西部志愿者主要负责特色小镇相关材料整理和联络”。

3. 小镇外观建筑风格统一，但景观原真性一般

在建设少数民族特色村寨的政策背景下，莲花镇对瑶族古村落进行了全方位的整修与保护，但部分新建建筑瑶族特色不显著，610户9万平方米民居风貌改造，融入了月柿的橙色，但奇特性仍不明显，乍一看，给一种“人为造镇，强行统一”之感。调查问卷结果显示，40.91%的受访者认为莲花镇的街巷建筑奇特性一般。从景观的原真性来看，莲花镇整体以瑶族文化为基调，但整体协调性较差，受保护的古村落在建筑规格上保持原来的结构，但特色小城镇内其他新建民居则存在一定结构与风格变化。调查问卷结果显示，34.34%的受访者认为莲花镇的景观原真性一般。

(二) 西江苗寨风情小镇运营管理力特征

1. 规划设计成熟，苗族特色凸显

西江苗寨风情小镇所在的黔东南州，是贵州省较早开发的民族风情旅游胜地，集传统苗族风情与生态旅游于一体，特色小镇景区的规划设计已经较为完善成熟。随着黔东南民族文化旅游业的快速发展，考虑到苗寨对游客的空间容纳能力有限，西江苗寨风情小镇正在实施“镇区合

一”的组织化管理模式，不断在原有的规划设计上做进一步完善。具有“中国苗都”之称的西江苗寨风情小镇，被称为中国的第二个“布达拉宫”，在特色小镇的规划布局上致力于体现苗族原生态文化，充分利用了当地的山地特征，上千户吊脚楼分布于山间，层峦叠嶂。调查问卷结果显示，有60%的受访者认为西江苗寨风情小镇的规划布局体现了苗族特色，布局完善。

2. 运营管理有序，宣传途径丰富

首先，在旅游景区项目运营方面。西江苗寨风情小镇的建筑以吊脚楼、风雨桥为主，保留了古村落的建筑风貌，形成了和谐宜居的美丽环境，期间，还以创建西江5A级景区为契机，强化了景区的综合管理机制，使西江苗寨风情小镇在建设项目上不仅具有独特的苗族风情，而且与浓郁的苗族特色生活场景相呼应。调查问卷结果显示，有46.34%的受访者认为西江苗寨风情小镇的建设项目与特色小镇景观相协调。

其次，雷山县旅游业发展较为成熟，在网络上有较大的宣传力度。西江的千户苗寨经过十余年的旅游开发，已经从一个传统的民族古村落，转变成为苗族文化得到有效开发利用的民族现代村落，是国内知名度较高的民族文化旅游线路。通过旅游大数据、新媒体等方式进行大力宣传，是打造西江千户苗寨文化品牌的有益尝试，例如西江县在2018年底开启的抖音文旅扶贫“山里DOU是好风光”项目，不仅展现了苗族文化和当地的非物质文化遗产，而且加强了西江苗族文化技艺传承人的培育，截至2019年11月，“山里DOU是好风光”挑战赛传播量已达2.5亿次，惠及贫困人口千余人。

3. 建筑特色明显，景观原真性较好

从景观的奇特性来看，西江千户苗寨是贵州省最知名的旅游景点之一，建筑以木质的吊脚楼为主，为穿斗式歇山顶结构。夜晚的“千户灯火夜景工程”不仅美化了小镇风貌，更增添了景观的奇特性，调研问卷结果显示，38.54%的受访者认为西江苗寨风情小镇的街巷建筑奇特。同时，西江千户苗寨景观的原真性保持较好，完好保存了苗寨最原始的风貌，是中外人类学者和民俗学者公认的苗族原始生态文化保存较为完整的区域（图 4–3）。调研问卷结果显示，50.24% 的受访者认为西江苗寨风情小镇的景观原真性较强。

图 4–3　保有原真性的寨子建筑和夜景一角

（三）比较分析（表 4–3、表 4–4）

表 4–3　民族地区特色小镇管理力游客满意度调查表

		等级				
规划设计	特色小镇布局	很完善	完善	比较完善	一般	不完善
运营管理	建设项目与特色小镇景观协调度	很协调	协调	比较协调	一般	不协调
	品牌知晓度	完全知晓	知晓	比较知晓	一般	不知晓
小镇风貌	街巷建筑奇特性	很奇特	奇特	比较奇特	一般	不奇特
	景观原真性	很明显	明显	比较明显	一般	不明显

表 4-4　月柿小镇与千户苗寨小镇管理力比较

小镇管理力比较		恭城月柿小镇	西江千户苗寨
规划设计	特色小镇布局	有 46.97% 的受访者认为莲花镇的规划布局一般，在公共基础设施建设上还有很大的完善空间	有 60% 的受访者认为西江苗寨风情小镇的规划布局体现了苗族特色，布局完善
运营管理	建设项目与特色小镇景观协调度	有 41.92% 的受访者认为莲花镇的建设项目与月柿小镇的协调度较好	有 46.34% 的受访者认为西江苗寨风情小镇的建设项目与特色小镇景观相协调
	营销管理	34.85% 的受访者对月柿小镇比较知晓	有 55.61% 的受访者知晓
	媒体关注度	关于“月柿小镇”的百度搜索结果为 58100 个	关于“西江千户苗寨”的百度搜索结果为 2830 万个，关注度极高
小镇风貌	街巷建筑奇特性	40.91% 的受访者认为莲花镇的街巷建筑奇特性一般	50.24% 的受访者认为西江苗寨风情小镇的街巷建筑奇特
	景观原真性	34.34% 的受访者认为莲花镇的景观原真性一般	50.24% 的受访者认为西江苗寨风情小镇的景观具有原真性

首先，恭城月柿小镇与西江苗寨风情小镇的规划设计比较：西江千户苗寨以原始的苗寨布局为核心进行旅游规划，而恭城月柿小镇则是全新的布局规划，传统的民族文化风貌较少。

其次，恭城月柿小镇与西江苗寨风情小镇的运营管理比较：西江千户苗寨在运营管理上优于恭城月柿小镇。与西江千户苗寨相比，月柿小镇面临着管理人才的匮乏，缺乏一套科学完整的运营管理机制。

最后，恭城月柿小镇与西江苗寨风情小镇的小镇风貌比较：西江千户苗寨苗族风貌更为明显，而恭城月柿小镇的风貌则相对平庸，在特色民居、民族文化风俗上都没有全面地体现出瑶族的特色。

三、月柿小镇与苗寨风情小镇的核心吸引力比较

(一) 恭城月柿小镇核心吸引力特征

1. 区位优势明显，核心地位凸显

首先，从月柿小镇的区位条件看，广西是我国重要的西部民族地区，具有丰富的生态资源与多元的民族文化，在当前强调异质化发展特色小镇的背景下，广西拥有全面发展特色小镇的文化基础。近年来，广西利用民族文化优势，大力培育民族文化与特色产业齐头并进的特色小镇，很好地促进了广西新型城镇化的发展。莲花镇位于恭城之南，与县城相距 13 公里，周边接壤城市有贺州、桂林、平乐，是“两市三县之交”的重点镇区，地理位置优越，所处的萍江流域古称“九甲”，瑶、壮、汉等多民族在此聚居。现有总人口 5.4 万人，其中瑶族人口达到了 5.32 万人，占总人口数的 98.5%。在特色小镇建设中，莲花镇逐渐形成了以“赏果园风光，品瑶乡风情”为核心的发展理念，所管辖的红岩村因发展生态旅游、农旅融合出名，同时莲花镇也成为恭城县最大的水果与农产品集散地 (图 4–4)。

图 4–4　月柿节时来当地赏果园风光的游客众多

2. 月柿产业发展相对薄弱，龙头企业规模较小

从恭城月柿小镇入驻的企业规模来看。莲花镇月柿产量丰富，月柿产业发展规模较大，是典型的“月柿之乡”，约占全国月柿总量的13.8%。近年来，莲花镇以月柿的生产、加工、销售为主线，形成了一定规模的产业集聚，入驻企业包括丰华园食品有限公司、桂林联发食品有限公司、恭城莲花永盛果蔬农民专业合作社等。带动了一批月柿冷链物流加工企业，规划建设的月柿科技园是广西区域统筹建设的重大工程。莲花镇以月柿为主导产业，广泛推广优质高端甜柿品种。从月柿小镇龙头企业的规模来看，丰盛园农产品开发有限公司是莲花镇月柿产业的龙头企业，从事农副产品初加工、月柿种植及技术服务、食品生产、加工、销售、农副产品购销、仓储物流及信息咨询服务，开发柿叶茶、柿果酒、月柿果脯等多种系列产品，于2015年成立，注册资本300万元，龙头企业规模相对较小。

3. 标志标示具备，但独特性有待提炼

莲花镇将月柿与长鼓建筑作为特色小镇的标志，并有标示柿都莲花，体现了月柿产业与瑶族文化的有机融合。但在农旅方面，还没有形成特色鲜明的月柿主体旅游，没有统一的宣传口号、宣传标识（图4–5）。调查问卷结果显示，37.37%的受访者认为月柿小镇宣传标示的独特性一般。从实地调研情况来看，莲花镇虽设有管理机构与规章制度，但落实情况有待加强，产业的相关制度建设还在拟建中。莲花镇被誉为“中国月柿之乡”，莲花镇以月柿产业为主导，延伸月柿产业链，促进农旅融合，大力发展生态旅游业，力争将莲花镇建设成为瑶族特色鲜明的“月柿小镇”。调查问卷结果显示，34.85%受访者认为莲花镇与月柿小镇的定位相匹配。

图 4-5　月柿小镇标志及镇上风貌

(二) 西江苗寨风情小镇核心吸引力特征

1. 苗族文化集聚区全国知名，知名度较高

贵州省是我国典型的民族区域，城市化发展水平较低，近年来贵州省将特色小镇作为推动民族地区新型城镇化发展的特色样板。其中，西江苗寨风情小镇是较为成功的典范，在全国范围内享有较高的知名度，是著名的民族文化旅游胜地。西江苗寨风情小镇位于雷山东北部、凯里市南部，苗寨内现有1300余户，总人口6000余人，苗族人口占到总人口的99.5%，借助浓郁的苗族风情与优渥的自然生态资源，苗寨风情小镇以文化旅游产业为主导，走出了一条旅游兴镇的特色小镇发展之路，成为全国范围内村镇旅行、民族风情游、研学旅行的重要目的地，是贵州省旅游发展的亮丽名片。

2. 民族文化旅游产业规模较大，龙头企业实力雄厚

从西江千户苗寨经营主体的规模来看，自2000年起，西江千户苗寨的旅游市场逐渐受到国内外游客的关注，2008年开始加大资金投入，统筹规划，鼓励社会资本、商户、社区居民参与西江旅游市场的培育。根

据实地调研情况，雷山文化旅游产业园内共设有摊位300余个，享受旅游发展红利的企业和个体工商户达到1300多户。文化旅游产业链丰富，涵盖业务广泛，基本形成集吃、住、行、游、购、娱等全方面、多维度的民族文化旅游产业链。于2009年成立的西江千户苗寨文化旅游发展有限公司是西江苗寨风情小镇的龙头企业，政府注资3000万元，注册资本3348万元，是西江景区最大的旅游经营主体，主要涉及西江千户苗寨景观打造、旅游管理以及市场拓展等业务。十多年来，在千户苗寨文化旅游发展有限公司的带领下，西江苗寨风情小镇的旅游市场呈现出规模化和量化效应。

3. 异质性特征明显，文化个性突出

西江苗寨小镇以千户苗寨著称，是全世界最大的苗族聚居地，层峦叠嶂的苗族风情建筑颇为壮观，在文化与景观上具有较高的独特性。调研问卷结果显示，45.37%的受访者表示西江苗寨风情小镇的宣传标示比较独特。从实地调研情况来看，西江苗寨风情小镇的管理机构较为健全，龙头企业西江千户苗寨文化旅游发展公司制定了较为详尽的《文明服务管理制度》，管理人员多为本社区居民，综合素质整体情况较好，但仍有提升空间。从西江千户苗寨旅游的定位匹配度来看，调研问卷结果显示，61.46%的受访者认为，西江千户苗寨的定位精准。从下面一位来当地旅游的游客访谈中可感知。

案例2：

访谈时间：2020年6月8日上午

访谈地点：一农家乐

访谈对象：陈某，女，游客

问：请问你来自哪里？是第几次来西江？

答：山西，第一次。

问：通过什么途径知道西江的？

答：旅行社宣传。

问：你觉得来西江千户苗寨交通方便吗？

答：方便，但进寨子花的时间还比较久。

问：你在西江感受到最大特色是什么？

答：这种成排在山上的建筑第一次亲眼见到，还是很震撼的，民族特色浓厚。

问：你认为当地民族文化资源开发如何？生态环境保护做得怎么样？

答：到处都能感受到苗族特色，苗族文化浓郁。生态很好，空气也很好，整体的植被覆盖率很高。

问：如果有机会，你下次还愿意来西江吗？会向朋友宣传吗？

答：愿意；我的朋友们看了我发的朋友圈也表达了愿意来的诉求。

（三）比较分析（表 4-5、表 4-6）

表 4-5　民族地区特色小镇核心吸引力游客满意度调查表

等级					
标示独特性	很独特	独特	比较独特	一般	很平淡
定位匹配	很匹配	匹配	比较匹配	一般	不匹配

表 4-6　恭城月柿小镇与西江千户苗寨核心吸引力比较

核心吸引力力比较		恭城月柿小镇	西江千户苗寨
区位资源	地理区位	恭城莲花镇地理位置优越，是县域内最大的水果与农产品集散中心，地处恭城瑶族自治县南面，距离县城 14 公里，交通便利	西江千户苗寨位于雷山县东北部山麓，是凯雷高速的必经之地，交通便利，距离凯里、贵阳各 35.2 公里

续表

核心吸引力力比较		恭城月柿小镇	西江千户苗寨
产业优势	企业数量	入驻企业包括丰华园食品有限公司、桂林联发食品有限公司、恭城莲花永盛果蔬农民专业合作社等	文化旅游产业园内摊位数量多，个体工商户规模庞大。共设有311个摊位，旅游发展红利的企业和个体工商户达到1300多户
	龙头企业规模	丰盛园农产品开发有限公司是莲花镇月柿产业的龙头企业，于2015年成立，注册资本300万元，龙头企业规模相对较小	西江千户苗寨文化旅游发展有限公司于2009年成立，是西江苗寨风情小镇的龙头企业，规模庞大，政府注资3000万元，注册资本3348万元
异质性发展	标示独特性	37.37%的受访者认为月柿小镇宣传标示的独特性一般	45.37%的受访者表示西江苗寨风情小镇的宣传标示比较独特
	定位匹配度	34.85%受访者认为莲花镇与月柿小镇的定位相匹配	61.46%的受访者认为，西江千户苗寨的定位精准

首先，恭城月柿小镇与西江千户苗寨的区位资源比较：西江千户苗寨与恭城月柿小镇都具有一定的区位优势，区位是培育特色小镇的首要条件。良好的地理环境为西江苗寨孕育出多种名优特产品，根据实地调研情况，西江苗寨风情小镇的名优特产品较为丰富，包括特色农产品、银饰、中药材等，其中雷山乌杆天麻、雷山银球茶等获国家地理标志保护产品称号；恭城月柿小镇则以“月柿”为招牌，结合农业资源和民族文化旅游资源，农旅融合助推乡村振兴和城镇化建设，辐射桂北地区和广西周边省份地区。

其次，恭城月柿小镇与西江千户苗寨的产业优势比较：西江千户苗寨的旅游业是产业体系的核心，而恭城月柿小镇则以月柿产业为核心，两者各有比较优势，但苗寨风情小镇则在文旅融合、农旅融合方面成就较为突出，浓郁的苗族风情与原生态的苗族建筑群、传统的苗族农耕充分彰显了旅游业与文化、农业的深度融合。苗寨风情小镇因文化遗产丰富、民族文化保存良好，成为学术研究的热门之地，长期以来西江千户苗寨积极与科研院所开展合作，成为著名的研学之地。通过建立实践活动基地、开展校企文化交流活动、签订合作协议等方式，与贵州师范学院的地理与资源学院、凯里学院的旅游学院以及音乐学院、黔东南民族职业技术学院的港中旅游学院、雷山县中等职业学院等院校长期合作交流。从实地调研情况来看，莲花镇以月柿产业为主导，规划建设了月柿生态园、观光体验园，结合园区建设，每年开展月柿节、油茶文化节、瑶族婆王节等旅游活动，带动了当地的农旅融合发展。与此同时，产业园区内集聚了一批从事月柿生产、加工、销售的企业，有效带动了月柿产业链，初步形成了一、二、三产业融合发展的格局。入驻月柿科技园区的企业仅有少部分规划开展校企合作，未来还需要进一步借助科研院所的研发力量，提升科技创新力量之于月柿产业的贡献率。在特色产品方面，月柿小镇具有扎实的品牌基础，恭城月柿分别以鲜果和柿饼成功注册了两件地理标志商标，在地理标志商标的保护工作下，莲花镇的月柿产业实现了标准化生产，位于莲花镇内的十万亩月柿基地被农业农村绿色食品管理办公室和中国绿色食品发展中心批准为“全国绿色食品原料（月柿）标准化生产基地”。

最后，恭城月柿小镇与西江千户苗寨的异质性开发比较：与恭城月柿小镇相比，西江千户苗寨更具有异质性，其苗族文化资源在世界范围内都具有一定的独特性。西江千户苗寨内不仅有丰裕的生态资源，还有苗族飞歌、银饰锻造技艺、吊脚楼建筑技艺、苗族文化刺绣等一系列非物质文化遗产，是原生态的“民族文化博物馆”。传统的民俗活动、独特的文化艺术、磅礴的吊脚楼民居等使西江千户苗寨成为吸引游客观赏、体验“异文化”的“世外桃源”。

四、月柿小镇与苗寨风情小镇的支持保障力比较

（一）恭城月柿小镇支持保障力特征

1. 政策优势明显，政府扶持力度较大

特色小镇的培育和建设工作倍受广西的高度重视，是广西政府城

融合发展中。此外，县文化旅游局、人社局、农业局、科技局等单位，多次深入莲花镇开展农旅融合的实用技能培训，带动社区居民深度参与。实现了果园变公园、农家变旅馆、农民变老板的转变，是“村民就地就业、就地城镇化”的典范。2018年，莲花镇游客人数突破30万人次，月柿年销售额超3亿元，极大提高了当地农户的收入，新型城镇化乡镇建设为产业发展提供更多可能，让农民获得了更多红利。

根据走访调研，从恭城县统计局获取的相关信息中得知，通过月柿小镇的产业带动，莲花镇人均收入水平为8890元，远低于恭城县11880元的人均收入水平，月柿产业带动效果还不明显。比如在当地柿子丰收旺季时，请的当地农民付出的劳务费是100元/天，有时也按件计算，到旺季，一个普通工的纯收入近3000元（图4–6）。并且对镇里其他居民经济收入带动也多仅限于月柿节（每年10～11月）旺季，从下面笔者对当地一面包车司机访谈可知非销售和观赏季节的月份中，当地居民几乎没有靠月柿这一项特色产业增加收入。

图4–6　柿子旺季时手工削皮和包装的工人们

案例4：

访谈时间：2019年11月15日傍晚

访谈地点：莲花镇

访谈对象：本地人，50多岁，男，面包车司机，月柿节时开面包车，闲时帮他人种荔浦芋头。

问：我刚在丰盛园看到一个一斤多的果，你家种那种果没？

答：我家没种。那种一斤多的大果要种在瑶山里。我家没种柿。你别看我们这是柿都，有的地也种不了，你看这一片，种的果小得很，所以我没种。以前我们这除了种月柿，还有椪柑。只是几年前椪柑得“黄龙病”，慢慢树就死掉了。

问：那政府没想办法？

答：想了啊，也请人来看了，但没有办法，后来只有将树砍了。

问：今年柿子卖得贵，我刚在摊店买12元一斤柿饼。

答：哈哈哈，你要在景区买。景区东西都差不多。市场上还便宜点。

问：我刚问了老板娘她一年收入多少，她说有个十多万，有那么多吗？

答：好时是有那么多，今年柿子收得好，较去年要贵一倍多。去年雨水多，批发才3毛多，家里人少的或地太多又要请人的就不摘了，给它烂了算了。

问：为啥不摘了？

答：请不起工人啊，卖不了好价钱最后不赚钱还赔钱。老百姓靠天吃饭啊……

问：你每月收入多少？

答：不怕你笑话，今天一天除了油钱，只能赚个50，我家里实在是要养老人，走不开。要是走得开，我也外面打工了。现在我一人在家伺候老人，帮弟弟照看下小孩。

问：您几个小孩？

答：我两个，一儿一女，都在外面上大学。

答：好福气，儿女双全，那你不给你儿子准备房子？

答：房子在前几年椪柑好时就砌好了，余下就看他们的了。

问：那你除了开面包车的收入，还有什么收入？

答：出租地，一亩500块一年给别人种荔浦芋头。

问：你家几亩地？

答：有四五亩。我老婆在县里打工。这样一年下来能糊口。

(二)西江苗寨风情小镇支持保障力特征

1. 财政支持力度大，地方政府高度重视

西江苗寨风情小镇位于雷山县，被列入首批中国特色小镇，是我国典型的苗文化集聚区，苗族历史文化资源与生态资源丰裕。在政府文化保护与旅游发展兼顾思路的引导下，近年来，西江小镇无论是在少数民族特色村寨保护、文化传承与发展还是在小城镇的特色化发展等方面都取得了公认的成就。长期以来，贵州省大力推进特色小镇高质量发展建设，2019 年 10 月印发了《贵州省人民政府办公厅关于推进特色小镇和高质量发展的实施意见》，以满足贵州省小城镇建设高质量发展需要。意见提出未来特色小镇“3 个 1”工程，分别是推动 100 个示范小城镇的提档升级、培育和创建 100 个升级特色小镇和特色小城镇、加快推进全省 1000 多个小城镇高质量发展。在全国全面推进特色小镇的背景下，贵州省在特色小镇资金筹措上力度较大，根据“财政补助、信贷支持、社会投入”的基本原则，为特色小镇及特色小城镇培育发展的财政资金做出了规定，专门安排了特色小镇创建培育的专项资金。

2. 交通网络较为发达，基础配套设施较为完善

西江苗寨风情小镇旅游线路开发较为成熟，周边交通基础设施质量良好，2015 年，贵州县县通高速公路直接修到寨门口，形成了高速—省道—县道的交通网络，由于地形原因，省道有部分盘山路段，但路况良好。调研问卷结果显示，在交通基础设施建设质量“很好”“好”“比较好”“一般”“不好”的五档选项中，有 60% 的受访者表示交通质量比较好。从实地调研情况来看，西江苗寨风情小镇的公共交通较为完善，乘高铁至凯里站，再乘坐中巴车或旅游班车即可到达景区。调研问卷结果显示，在交通便利程度“很便利”“便利”“比较便利”“一般”“不好”的五

档选项中，有39.51%的受访者表示西江苗寨风情小镇的公共交通便利。

3.社区辐射带动能力强，居民增收效果显著

结合实地调研与相关部门访谈得知，在西江千户苗寨旅游业强势发展的带领下，不仅西江苗寨风情小镇的村民直接参与到旅游业中，而且还带动了周边村寨的2000余人就业。以龙头企业西江千户苗寨文化旅游发展有限公司为例，741名从业者中有365人为本社区居民，占公司总人数的50%以上。结合实地调研情况，西江苗寨风情小镇的从业者收入水平远高于莲花月柿小镇。从雷山县统计局及相关部分的访谈中得知，2018年西江苗寨风情小镇的人均收入水平达到了15000元。在“西江模式”下，西江苗寨村民通过多种方式参与到文化旅游业中，例如通过有组织地提供民歌表演、芦笙演奏、迎宾表演、民族节日庆典展示等，参与到西江旅游公司分红，同时景区门票收入的18%发放给苗寨景区居民。此外部分村民还通过发展民宿、农家乐、民族特色工业品、民族服饰出租等方式增收，根据实地调研情况，目前苗寨风情小镇的村民用于发展民宿的吊脚楼不少于300栋，每栋年租金收入约在5万～50万元。从下面一例访谈可管中窥豹。

案例5：

访谈时间：2020年7月6日上午

访谈地点：阿幼民族文化博物馆

访谈对象：李某　在读大学生

问：你家几口人？

答：4口人。

问：在西江镇未开发旅游前主要靠什么增收？

答：务农、开个小商铺。

问：现在西江旅游做起来了主要靠什么获得收入？年收入大概多少？同以前相比大概增长多少？

答：目前是在自己家改造成立了家庭博物馆（贵州西江阿幼民族文

化博物馆有限公司)，里面有我妈几十年前就开始收藏的绣品和一些农耕工具等，目前很少见，特别珍贵。但是不够成熟，也没有得到政府的扶持。目前开了一个蜡染手工业店，靠卖手工蜡染制品，蜡染体验基地而营生。年收入大概在20多万元，和以前比增加了50%以上了。

问：能享受到景区门票收入分红吗?

答：有收到分红。

问：你家对收到的分红满意吗?

答：基本满意，有钱分总是好过以前没有钱分。

问：对当地旅游发展起来感受最深的是什么？给自己生活带来哪些便利又带来哪些不利影响?

答：感受最深的就是生活变好了，生活质量提升了。带来的便利就是交通便利了，物流便利了，街道也比以前干净卫生了。不好的就是物价上涨，买什么都比其他地方贵一点，比如一瓶矿泉水2元卖3元，一包纸2元卖4元，一碗粉8元卖16元，水果也比外面贵很多。房子建起来开的酒店多了，失去了苗寨原有的古朴风情，还有自己家的车子进出寨子有时间期限感觉有车也不是很方便了。自家车子要晚上22点之后才能进，或者要写申请开单子进货才给进，给我们日常出行带来不便。

(三) 比较分析（表4-7)

表4-7　恭城月柿小镇与西江苗寨风情小镇支持保障力比较

支持保障力	恭城月柿小镇	西江千户苗寨
政策支持	示范镇可争取中央专项和转移支付资金支持。自治区级示范镇，资金补助标准为1000万元，总投资一般不低于2000万元	总体采用的是“财政补助、信贷支持、社会投入”多级分层方式，对于特色小城镇的发展安排有转项发展基金，并有财政支持力度倾斜

续表

支持保障力	恭城月柿小镇	西江千户苗寨
基础设施	58.89% 的受访者认为莲花镇的交通比较便利，可进入性好	有 39.51% 的受访者表示西江苗寨风情小镇的公共交通便利
社区参与	龙头企业带动，合作经济组织发展；打造完善的以恭城月柿、优质柑橘等农产品上行的电子商务服务体系，逐步完善利益联结机制	制定出台《西江千户苗寨文化保护评级奖励办法》；增强各主体参与文化保护与传承的积极性；探索出“景区管理，家庭保护”的集中—分散运作机制；建立起了“全面普查，完整保护，镇村复查，兑现奖励”的长效管理机制

首先，恭城月柿小镇与西江千户苗寨的政府支持比较。两处特色小镇的政府支持力都主要体现在资金支持上，土地、人才上的支持体现得较少。其次，二者基础设施比较，西江千户小镇与恭城月柿小镇都具有良好的基础设施。两个小镇交通设施完善，酒店、饭馆、旅馆等旅游休闲娱乐设施等基本能满足游客需求。最后，恭城月柿小镇与西江千户苗寨的社区参与比较。西江千户苗寨的社区参与远远优于恭城月柿小镇。这是西江千户苗寨核心竞争力高于恭城月柿小镇最为主要的原因。西江千户苗寨通过利益联结，鼓励本社区以及周边社区参与到旅游产业中，当地居民通过门票分红、自营饭店、民宿等方式获取到一定的经济收入，谋生手段、生计方式多样。而月柿小镇的辐射带动力则较弱，还没找准与社区居民之间的利益联结机制，居民的收入方式较为单一。因而，民族地区特色小镇的特色产业建设与民族文化风情的彰显，都离不开社区居民的参与。

五、主要结论、存在的问题和启示

(一) 主要结论

表4-8为恭城月柿小镇与西江苗寨风情小镇核心竞争力要素的整体比较。

表4-8　恭城月柿小镇与西江苗寨风情小镇核心竞争力要素整体比较

影响核心竞争力要素			月柿小镇	苗寨风情小镇
资源管理力	1	民族文化资源	利用一般	利用好
	2	生态环境资源	一般	一般
	3	民族文化旅游开发	低	高
核心吸引力	4	区位资源	较强	很强
	5	产业优势	一般	突出
	6	异质性发展	一般	突出
小镇管理力	7	规划设计	较完善	完善
	8	运营管理	无专人负责，偏差	专业公司负责运营，强
	9	小镇风貌	原真性一般	原真性强
支撑保障力	10	政策支持	较重视	高度重视
	11	基础设施	较好	较好，智慧化程度高
	12	社区参与	参与人数少	社区参与人数多

1. 培育特色小城镇核心竞争力需深入挖掘和利用优势资源

民族地区各地特色小城镇因受资源条件、地理方位、文化传统等方面的影响，同发达地区存在差异，在培育特色小城镇核心竞争力方面更要立足自身发展实际情况，立足已有基础，不可盲目照搬其他地区的模式和做法。要善于发挥本土资源禀赋、深入挖掘和利用优势资源来不断壮大自己。西江苗寨风情小镇原本也是一个贫穷、落后和不为人知的苗族聚集地，但后来充分挖掘了苗寨建筑特点和苗族文化内涵，得到足够重视，大力开发当地独有的文化生态资源，构建当地文化系列品牌，让当地的美食、歌舞、传统技艺、节庆、活动等乘着新时代发展快车，走向全国乃至世界舞台。同时，在民族文化保护发展共享机制上，苗寨风情小镇也积累了较多成功经验，才逐渐形成了被各地学习和借鉴的“西江模式”。

2. 培育壮大当地龙头企业是特色小城镇核心竞争力强大的助推器

当前的民族地区特色小城镇建设，多以国家、地方政府为主导，开发商承建、企业入驻的发展模式为主，是国家或政府层面牵头组织的城镇化建设项目，具有引导力的市场主体相对欠缺。所以培育、创办或引进、留住一家上市企业、知名企业或国内500强跨国公司之类的龙头企业，会大大带动当地经济发展，对周边村镇的辐射和影响力也相当强。西江苗寨风情小镇在市场主体的培育上，历经了“村民自发经营”“行政主导经营管理”“企业主导经营管理”三个阶段，逐步走向市场化。其中，由雷山县政府出资成立的西江千户苗寨文化旅游公司作为苗寨风情小镇的龙头企业，是当地的文化产业及旅游产业的市场经营主体，这家企业整合了多方力量，在文化保护、客源引导、开拓市场、品牌塑造等方面起到了带头示范作用。先后推出文化展示点28处，涉及原生态歌舞表演、木叶表演、酿酒坊、刺绣坊等。截至2017年11月，公司已培育古歌队、迎宾表演人员300余人，为苗寨风情小镇的文化产业和旅游产业发展奠定了充足的人力资本，以及坚实的文化产业基础设施建设，是苗寨风情小镇增强核心竞争力的助推器。

3. 良性互动的现代城镇治理模式有利于培育特色小城镇核心竞争力

民族地区培育特色小城镇核心竞争力要避免陷入盲目建设的境地，

要分析其自身的优劣势，结合自身实际来扬长避短。西江苗寨风情小镇在文旅融合、农旅融合方面取得突出成就的一个重要原因是当地建立了良性互动的现代城镇治理模式。西江苗寨风情小镇在建设上采用多方参与、市场运作的发展形式，政府在其中起引导规划的作用，企业为主体。由当地镇政府牵头主导，建立“镇区合一”组织化管理模式，由西江文化旅游开发公司来积极进行市场化运作，这样在吸引社会资本参与、运营推广、原始建筑修缮保护等方面都能最大限度激发市场主体活力和企业家创造力及热情，形成适应于市场发展规律，多方参与、良性互动的现代城镇治理模式。同时，当地政府和管理公司也注重不断完善景区经营机制，积极推进企业现代化进程，强化景区综合管理机制，最终实现景区开发模式的优化、景区发展能力的提升，有效开发与保护景区。

4. 良好的利益联结机制利于特色小城镇核心竞争力可持续发展

由于民族地区地理位置上的相对偏僻性和经济社会发展的相对封闭性，于外来资本而言，外来资本进入的难度较大。对于特色小城镇建设而言，依靠政府投资的资本和国家补贴仅是杯水车薪，没有社会资本和外来投资的加持是很难生存下去的。因而，民族地区特色小城镇建设需要思考一个最基本的问题，如何规划发展最基本的特色产业，让现有的民族资源能够“变现”。这就需要当地政府部门思考如何建立利益联结机制，尽快让多方受益，特别是使社区居民增收。苗寨风情小镇作为贵州最为著名的文化旅游品牌，积极与文化企业开展合作，使之成为文化产业创新的主体，并整合特色小城镇的创新资源，找到外部变量与自身产品服务所匹配的关键点，将科技要素与文化创意相结合，将苗寨浓郁的苗族风情与原生态的苗族建筑群、传统的苗族农耕文化与旅游业深度融合。再通过旅游大数据、新媒体等方式方法运营文化产品，探索民族文化产品线上、线下的销售模式，有效促进文化产品的价值溢价，在带动当地居民增收方面效果突出，其中苗寨内居民收入相较未开发前增长近13倍，附近居民收入也有了一定程度的提高。这些利益既得都有利于激发当地居民热情，使其更好地参与和支持特色小城镇建设。

（二）存在的主要共性问题

1. 特色小城镇开发与生态保护之间的平衡危机出现，资源管理面临新挑战

生态优先是特色小城镇建设的基本原则。生态环境是脆弱的，一旦生态环境遭到破坏，特色小城镇就失去生态基底，难以实现持续发展。民族地区特色小镇建设中导致生态危机的原因主要在于以下四个方面：一是民族地区特色小城镇的建设规划不完善，规划往往仅关注特色小城镇与城镇化总体规划之间的功能对接，但忽视了特色小城镇与主体功能区、产业发展、生态环境保护等规划的有机衔接。二是民族地区特色小城镇在招商引资中，没有严格界定相关产业及企业的准入条件，产业发展没有体现循环经济、绿色低碳及生态环保理念，在调研中了解到，月柿小镇引入的一家石材企业，给当地河流造成了污染，引起居民不满。三是民族地区特色小城镇的商业综合体在总投资中占比过高，特色小城镇沦为一种磅礴浩大的体量建设与面子工程，过度的商业开发牺牲了小镇的生态环境。调研中了解到苗寨中过多餐馆饭店给清水河和地面环境也导致污染，后经整顿才有所好转。四是民族地区特色小城镇建设忽视了与周边区域的联动发展，没有统筹考虑所在区域的环境承载力。生态环境较为脆弱，如果环境保护政策的制定仅限于特色小城镇范围内，那么周边生态环境的恶化同样也会影响到小城镇的环境质量。据实地调研，西江苗寨旅游发展、小城镇建设所产生的垃圾污染、废水污染影响着穿寨而过的白水河下游的生态环境，引发了下游居民的不满，继而对西江苗寨旅游发展、城镇化建设产生消极抵抗的情绪。同时，上游的水环境若得不到及时治理，亦会影响着景区内的环境质量。西江苗寨风情小镇人口与规模的急剧增加极易带来生态环境的恶化，进而产生特色小城镇开发与生态保护之间的平衡危机。

2. 产业用地和旅游用地及人力资本存量有限，小城镇管理难度大

首先，民族地区受地理和地形的影响，在产业建设用地、旅游用地

方面出于自然环境的限制及景观营造的角度，很难有令投资者心仪的平坦开阔土地供其开发建设。贵州就是典型的山地特征，广西是喀斯特地貌，在土地开发方面受到地形地貌的客观限制，访谈中了解到因这些客观条件制约，导致一部分前来考察的企业不得不放弃投资落户。其次，受民族地区特色小城镇位置的影响，交通、信息和智慧化较为闭塞，因而一定程度打击了投资积极性，很难吸引到企业投资。再者，受传统思想的影响，很多学业有成的青年才俊不愿回到乡镇工作，民族地区管理人员形成了较为传统固化的生产、生活习惯，对现代产业发展缺乏科学的规划，缺乏完善的管理运营经验，再加上人力资本存量的不足致使服务质量不高，从业人员素质参差不齐。此外，“上面千根线，下面一根针”的辛苦且繁琐的乡镇工作也令更多乡镇干部身心疲惫，这些均导致民族地区特色小城镇管理难度较大。

3. 基础设施不完善，外部支撑力不足

民族地区比较偏远，地理环境较为脆弱、复杂，聚居点呈现出点多面广的特征，因而基础设施难以实现全面覆盖。再加上民族地区经济相对落后，城镇集聚度很低，加之地形地貌的复杂性导致特色小镇及小城镇基础设施建设困难，建设成本远高于其他区域。如广西喀斯特地貌的地形特征，在一定程度上限制了特色小镇建设发展的规模。此外，交通通达性也是影响特色小镇建设的关键因素。从实地调研贵州、广西特色小城镇的实际建设情况来看，特色小城镇的道路交通建设仍不完善，道路等级和质量较差，部分镇村仅对主干道进行了硬化，通往特色小镇的主要公路、高速公路、省道国道等干线之间的衔接不紧密，小镇的可进入性较差。总体而言民族地区的基础设施建设普遍较为薄弱，特色小镇建设中的基础设施薄弱和公共服务短板亟待提升和解决。但民族地区基础设施建设的资金缺口大，财政又较为困难，难以在短期实现基础设施的全面覆盖。资金压力一方面体现在民族地区特色小镇投融资渠道有限，长期的发展滞后对社会资本的吸引力不足，政府财政压力较大。另一方面尽管国家财政对民族地区基础设施建设采取了积极的支持政策，然而在民族地区特色小镇数量迅速扩张建设的背景下，基础设施资金的满足率却在日益下降。再一方面体现在民族地区特色小镇基础设施建设的投融资制度环境建设缓慢。特色小镇是一项周期长、投入大、见效慢的基础工程，周期长意味着投资回报的不确定因素增加。这在一定程度上影响了资本参与建设的积极性。此外，特色小镇建设的资金来源渠道较小。部分特色小镇虽然引入了企业参与建设，但也主要以企业自筹和银行贷款为主，其他融资模式较少。特色小城镇的旅游业并未实现客流常态化，受旅游的季节性影响严重。此外，疫情反复加剧了特色小镇旅游的不稳定性。不稳定的旅游人流量使得花了大量资金建设的特色小镇投资回报率偏低，资本入场的积极性不高。虽有政府支持，但在总量上仍存在较大的缺口。

4. 特色小城镇创新发展不足，可持续发展需加强

民族地区特色小城镇的创新发展不足主要体现在两个方面：一方面是人力资本存量的匮乏。根据浙江省的特色小镇建设经验，人才和技术是特色小镇创新发展的核心要素。然而，民族地区的人力资本积累不足，技术较为匮乏，在发展特色小镇中面临人才短缺、新技术应用不足的问题，在产业发展上以传统粗放的旅游业、特色农业为主，难以向产业融合、技术创新的方向迈进。尽管在国家与地方政府层面上，多次出台鼓励民族地区人才与技术引进的相关政策，但民族地区的特色小镇在基础设施、公共服务等其他方面都存在短板，对高级技术人才与行业精英的吸引力有限。有学者对特色小镇的就业意愿做了问卷调查，调查问卷结果显示，有 89% 的受访者表示不会在特色小城镇就业定居，但有 95% 的受访者表示愿意前往特色小城镇游玩观光，这一结果形成了鲜明对比。根据对贵州、广西等地特色小镇的实地调研情况得知，特色小镇的从业者主要来源于本社区居民，以农民、乡贤为主，素质技能还有待提升，人力资本存量的匮乏影响了特色产业的高质量创新发展。另一方面特色产业内生创新发展力不足。一个健康有序的特色小镇的经济模式应当是精细化运作的。从特色产业的挖掘，到小镇的运营，到变现的整个生命周期，都应该专业化、精细化运作。但民族地区特色小城镇目前多是粗放型经济增长方式、产业结构水平低，内生发展力不足。

（三）重点突出的个性问题

1. 广西月柿小镇存在的个性问题

（1）特色支柱产业短板多。除了上述土地和人才限制外，作为当地的支柱产业的“月柿”也面临着较多问题。如：供应量充足，但自产自销能力有限；冷链冷藏物流仓储尚未健全，季节性非常明显；质量难控制；缺少龙头企业，企业带动能力有待提高；缺乏附加值高的产品体系；柿农利益需要保障性不强和积极性不高的问题。

（2）吸引投资和融资难度大。月柿小镇主要是以财政资金为主，企业和社会资本参与很少，目前主要由太平洋建设集团公司采取垫资模式进行基础设施建设，力争充分整合交通、水利、文广体旅、农业、科技等部门资金，目前，当地多元化资金保障机制尚未建立。

（3）旅游商品开发极度欠缺。除了月柿及当地的一些农产品外，供旅游者选择购买的旅游商品几乎没有开发，且游玩项目非常少，质量不高，缺乏创新：仅是在开发的一条河道里坐坐小船，收费高，游客体验感不好，吸引游客驻留时间也不长，非月柿节时期游客的重游率不高。

2. 贵州西江“苗寨风情小镇”存在的个性问题

（1）公共服务设施承载量和不断增长的游客产生了矛盾。苗寨中的公共服务设施虽相对建设完备，但毕竟承载量是有限度的，当在旅游旺季时，过多的游客利用公共服务设施使其超负荷运转，就会出现一些问题。比如供水供电系统时常会出现停供的现象，排污系统也会出现漏污的问题，带来很多的不便利，另外小镇中网络通讯也不稳定，这些不仅影响当地居民生活，也给当地旅游者带来负面体验。

（2）苗寨空间的有限性和当地居民逐渐“膨胀”的利益心产生了冲突。苗寨风情小镇中居民收入多少同是否位于旅游核心区周边有密切关系，紧挨核心区的，收益多，反之则收益少。受利益的驱使，寨子里的房屋建设越来越多，且近几年寨子里居民申请盖房的意愿也愈来愈强烈，但受制于空间有限性和保护苗寨原生态性，一些住户建房申请很难获批，或者延期审批，这在一定程度上影响了某些家庭经济发展，易使居民心中生怨，为当地有效管理带来了压力。

（3）过度的商业化给地方日常生活和文化传统习俗带来明显冲击。笔者在实地调研过程中获得较多的反馈是苗寨重经济利益而轻旅游本质，商业味过浓，过度的商业化使游客欣赏传统文化的美好享受大打折扣，出现游客花钱买不到快乐的现象。同时，因发展旅游需要推进布景化和舞台化，便于营造场景和仪式感，但文化内涵缺失，文化出现“异化”或嬗变的现象，文化真实性遭到破坏。再者，在旅游开发过程中，这些逐利性、商业化、过度化的旅游开发给具有历史文化特色的苗寨等风貌造成破坏性冲击。

（四）主要启示

1. 资源管理力是培育核心竞争力的内在基础

月柿小镇和苗寨风情小镇这类民族地区特色小城镇虽然受建制规模和前期薄弱的经济基础影响和制约，无法与大城市特色小城镇发展相提并论，但是他们有自身独特的文化资源优势是发达大城市所没有的。民族地区特色小城镇的文化旅游开发首先要找准本区域的民族文化内核，根据文化内核剥离出多种形式的文化元素，并将这些文化元素融入民族文化旅游开发中，提升旅游衍生产品的附加值，使文化消费成为民族地区特色小城镇的经济增长点。如月柿小镇基于浓厚苗族文化、月柿文化，将民族文化旅游与生态旅游发展相结合，旅游产业与农业项融合，通过建设主题鲜明的月柿文化主题旅游景点，开展月柿节、油茶文化节、瑶族婆王节等特色旅游节庆活动。苗寨风情小镇有丰富民族民间非遗技艺和苗族传统文化资源等，要将这些不可复制的民族文化进行充分的挖掘，并进行有效的整合，将之转化成经济收益和后期发展动力，才能培养别具一格的“小而精、小而美、小而特”的民族地区特色小城镇。因而，资源管理力是培育核心竞争力的内在基础。

2. 核心吸引力是培育核心竞争力的核心所在

民族地区特色小城镇特色彰显主要靠特色产业支撑，因而特色小城镇培育核心竞争力的关键是打造特色产业，实现上下游产业的联合贯通，形成并放大产业融合、产业发展的集聚效应、规模效应。民族地区特色小城镇多以旅游产业为支柱，而旅游产业具有高融合性、高附加值的发展特点，因此，要加速旅游产业与其他产业的融合，打造民族地区特色小城镇全产业链，要善于运用现代信息技术和科技手段促进民族地区传统旅游业智慧化、信息化，最终实现产业转型升级。恭城月柿小镇以打造“柿都莲花”作为特色小城镇建设目标，功能定位为“柿子之都、乡村公园”，确定了“两园一镇一道一水系”(即月柿科技产业园、甜蜜柿业核心示范园、中国月柿第一镇、旅游步道、莲花河水系）建设思路，突出月柿产业优势和主题文化特色，立足优势资源，建立特色产业和品牌完善产业链条，突出种植、加工、文化旅游“三位一体”，生产、生活、生态“三生融合”。

3. 小镇管理力是培育核心竞争力的关键环节

民族地区特色小城镇要彰显出大魅力，强有力的小镇综合管理和服务能力是关键。民族地区的特色小镇建设不等同于城市化建设，特色小城镇是一种从生产、生态到生活的整体营造，是民族文化的特色生态群落，不能用城市化基础设施建设的思维打造特色小镇，破坏特色生态群落的意境。因此，一方面可按照宜居城市的建设标准，高质量、高水准地对特色小镇的水电、物流、环卫等方面进行配套建设，夯实特色小镇的公共设施服务体系，为小镇社区居民的生产生活提供水电保障、生活便捷。另一方面，从特色小镇的全域空间出发，统筹协调特色小镇的文化空间、生态空间与生活空间，考虑民族地区自然环境的独特性，要注重规划设计与周边自然环境相协调，整体格局具有本区域的典型特征和独特的风貌，特色小镇内的民居要能彰显民族风情和地域特色，在体现特色小镇民族文化特色的基础上促进三者的相互融合。最后，在民族地区特色小城镇的文化风貌培育过程中，要立足于自身的发展阶段，不急于求成、生搬硬套，要从人文环境、生态环境、民族文化氛围中逐步烘托本区域的民族特色小城镇风貌。

4. 支持保障力是培育核心竞争力的有效保证

月柿小镇和西江苗寨风情小镇的顺利运营离不开政府的政策支持、旅游基础设施的完善和广泛有效的社区参与。相较于发展较为成熟的东部发达地区特色小镇而言，民族地区的政策支持、基础设施和社区参与等方面可能会相对处于弱势地位。因此，在特色小镇的规划建设中，政府要切实履行好其在小镇规划编制、基础配套设施、资源要素保障中的引导作用，给予特色小镇创建培育资金等方面的支持，通过提高基础设施建设，增强特色小镇的人口资源承载能力。其次，通过构建充分有效的利益联结机制，引导当地居民要发挥好主人翁意识，使其积极参与到特色小镇建设的队伍中来，创业就业等。相较于西江苗寨风情小镇，月柿小镇对于民族文化的传承保护机制构建则稍显逊色，对于民族文化的传承与保护工作相对欠缺，社区参与面较少。而社区参与是影响特色小镇支持保障力的主要因素，因此，月柿小镇乃至民族地区的特色小镇建设要注重政策支持、旅游基础设施和社区参与的充分结合，进一步提高支持保障力，为特色小镇建设保驾护航。

第五章　提升民族地区特色小城镇核心竞争力的思路与对策

一、提升民族地区特色小城镇核心竞争力的总体思路

（一）民族地区特色小城镇核心竞争力提升的目标

民族地区特色小城镇有着明确的产业定位、深厚的民族文化底蕴，是兼具旅游功能和经济发展功能、社区特征的功能载体，是民族地区城镇化发展的重要组成部分，是创新创业发展的重要平台。在特色小城镇建设中，"突出特色、培育核心竞争力"已成为特色小城镇发展的普遍共识。然而，提升特色小城镇建设核心竞争力不是毫无章法，没有方向的。结合民族地区特色小城镇核心竞争力的要素分析，其目标应围绕资源管理力提升、核心吸引力强化、综合管理力增强、支撑保障力强化展开。此外，特色小城镇建设为提升核心竞争力提供可能，特色小城镇核心竞争力提升的目标最终要以服务特色小城镇建设为旨归。

1. 提升特色小城镇资源管理力

我国民族地区的特色小城镇拥有丰富资源，比如文化资源、自然生态资源等，但是通常情况下特色小城镇并没有将这些资源进行有效的整合。而民族地区特色小城镇在培育自身的核心竞争力的过程中，就必须

要将这些资源作为基础，同时在整合民族地区各类资源的时候，并不是简单地将分散的进行整合，而是要进行有机、有效的整合。这是因为简单整合在一起并不能够提高资源的配置效率，只有通过有机、有效的整合之后，才能够提高资源的配置效率进而实现特色小城镇资源管理力的提升。尽管我国大多数民族地区的资源都是非常丰富的，但是并没有为当地民众创造巨大的价值，这就是因为资源没有得到有效整合和优化配置。因此，不管民族地区特色小城镇的资源优势多么强大，都必须要对这些资源进行有效整合，才能够在激烈的市场竞争中体现出自身的竞争优势。

依上文所述，资源管理能力因素是民族地区特色小镇核心竞争力形成的内在基础，表现在文化保护、生态保护与民族文化资源开发上，所以特色小城镇资源管理力提升的目标要聚焦于资源保护与开发的协调，即资源保护与开发协同发展。一是民族地区特色小城镇资源保护有序，开发得当。民族地区特色小城镇资源是小城镇开发建设与产业发展的前提，主要包括生态资源和民族文化资源。于生态资源和民族文化资源而言，保护是开发的前提，保护是第一要义。民族地区特色小城镇建设和产业发展要着眼于资源的有限性和环境的脆弱性，各类经济活动、社会活动要在资源与环境的约束下进行。二是民族地区特色小城镇文化资源开发循序渐进。民族文化资源开发是民族地区特色小城镇资源优势转变为经济优势的手段。然而，民族地区特色小城镇文化资源开发是一个复杂的系统性工程，随着特色小城镇建设的不断进行，产业的发展使得人流、物质流、资金流等各类要素不断聚集，经济增长加快。在经济利益的追逐下，文化旅游资源开发如火如荼，地方政府、民众等对特色小城镇建设的积极性普遍增高。然而，特色小城镇建设和民族文化旅游资源开发又有其自身的客观规律，要依据旅游地生命周期理论、产业生命周期理论等保持清醒的头脑，分步统筹，科学规划、动态规划。

2. 强化特色小城镇核心吸引力

区位资源、产业优势、异质性发展是特色小城镇区别于其他城镇的关键要素，亦是构成特色小城镇核心吸引力的重要组成部分。企业、政府等市场主体依据特色小城镇现有的区位资源，投入资金、技术等生产要素将资源优势转化为经济优势，实现民族地区特色小城镇文化旅游资源、生态资源的产业化发展，形成产业优势，培养特色小城镇的产业支撑，进而形成持续的异质性发展。在特色小城镇规划建设之初，核心吸引力就应区别甄选出来以适应服务于特色小城镇产业发展的定位，明确特色小城镇建设的方向。特色小城镇现有资源的调整、配置、优化，包括但不限于新技术的开发、信息的输入、人才的引进、外部市场的开拓等，都需要围绕特色小城镇核心吸引力这一核心节点来完成。

在民族地区特色小城镇建设中，核心吸引力强化的表现主要体现在以下几个方面：

第一，区位资源稳固不变。于特色小城镇而言，其地理区位、资源禀赋等区位资源条件是相对固定的。特定的地理位置、交通方式、资源禀赋为特色小城镇产业的孕育、形成、发展提供了条件，共同助推着特色小城镇的生成和发展。因而，在特色小城镇建设和核心竞争力培育中，区位资源的优势要保持稳固不变，并在资源约束和环境容量的许可范围内，最大限度地将潜在资源挖掘出来，实现资源的“变现”能力。

第二，产业优势强劲有力。产业是推动特色小城镇发展的依托，是维系特色小城镇持续长久发展的命脉，亦是区分小城镇“特色”的关键所在。民族地区不同的资源禀赋，使产业发展的模式也丰富多样，进而催生出类型多样的特色小镇。如今，文旅型特色小镇是民族地区特色小镇发展的主要类型。基于民族地区资源多样、“一镇一业”、“一镇一品”的产业发展格局是未来民族地区特色小城镇产业发展的大趋势。产业发展强劲有力是民族地区特色小镇高质量发展的主要指标，因为没有产业基础的特色小镇将演变为“空城”，难以持续发展。

第三，异质性发展独特持久。异质性发展是特色小城镇竞争优势获得的来源。异质性是特色小镇区别于其他特色小镇的重要指标，常依托于特色小城镇独特性、稀缺性、不可替代性、不可模仿性的特色资源得以发展。在特色小城镇未来的发展趋势中，为培育发展核心吸引力，需积极引导人工智能、云平台等智慧化、科技化的生产要素运用于小城镇特色资源的创造性转化、创新型发展中，以嵌入新的创新要素和发展动力使特色小城镇的异质性发展得到延伸。

3. 增强特色小城镇综合管理力

相较于其他区位资源、产业优势等客观的因素，特色小城镇的综合管理力则更凸显人的主观能动性，综合管理力的增强体现在特色小城镇的规划设计、运营管理的有序进行和小镇风貌塑造等方面。特色小城镇是兼具居住、文化旅游、产业发展等功能的社区性载体，在进行总体设计和具体规划时，要注重城镇各功能的协调发展和拓展，以满足当下游客、居民等主体的多样化需求。同时还要注重城镇发展形态和镇内自然景观、人文景观的塑造、人居环境的可持续发展等内容。

规划设计作为特色小城镇建设前期的主要内容，在特色小城镇的规划设计之中，要包含景区规划、功能分区、交通部署等内容，是特色小镇发展的宏观性蓝图。规划编制工作是特色小镇创建培育的前提，规划设计要求具有前瞻性，又要兼具科学性、落地性，要考虑资金规模、产业定位是否符合建设要求，同时要兼顾与土地用地规划、城市发展规划相结合，避免在建设培育中因为谋划不足导致失败。

运营管理则要求循序渐进，井然有序。特色小城镇建设人力、物力、财力的部署相对微观，但亦是小镇发展的重要环节，贯穿特色小城镇建设始终。特色小城镇的运营要求政府主导、市场为主。但在实际发展之中，许多小城镇建成之后，由于政府行政干预过多，招商引入的企业没有进行完善有序的运营管理，急躁冒进，急于看到发展成效，在“政绩观”的影响下，形成“大拆大建”的造城运动，导致财力、物力的大量损失。因此，在特色小城镇的未来发展中，要避免“房地产开发式”“重建设、轻运营”的特色小城镇开发模式，使小城镇运营井然有序。

小镇风貌是文化内核的外在直接反映，既包含建筑群体风貌和自然人工环境等物质载体，又包含居住群体的生活方式，文化追求、文化品位等文化风貌。小镇风貌提升和人居环境整治可大大提升当地居民的生活幸福指数。没有文化根基的特色小城镇是难以长久的，许多缺乏文化内涵、“复制粘贴”的特色小城镇“喧嚣”一阵后便面临“人去城空”的发展窘境。在未来特色小城镇建设中，要深入挖掘区域内的文化元素，将文化元素运用于特色小城镇的景观风貌特色塑造之中，将特色小城镇蕴含的深厚文化以静态性表示和活态性表达的形式展示出来，铸牢文化之魂。

4. 强化特色小城镇支撑保障力

政策、基础设施、社区参与等是支撑保障特色小城镇健康运行的关键要素，是构成特色小城镇核心竞争力的支撑保障力。不断颁布的一系列政策文件、不断增加的基础设施投入等体现了国家和地方政府对培育建设特色小城镇的重视程度。

相关的国家经济政策和区域经济政策是特色小城镇在抉择产业方向时所需依据的基础。好的政策可以成为特色小城镇创建培育的催化力，催化民族地区的资源优势、产业优势向区域竞争优势转变，为特色小城镇建设保驾护航。在“高质量”发展的时代语境下，特色小城镇建设的政策要灵活多变，对不同地区、不同类型、不同资源禀赋的特色小城镇要制定针对性、灵活性、多样性的政策干预，优化资源配置，为小镇特色产业发展提供政策支撑。同时，政策的制定要体现出人本导向，特色小城镇作为联结城乡区域的重要节点，有着保障民生、经济发展、带动乡村经济发展的重要职能，在以政策干预引导城镇发展方向时，不应只考虑其经济职能，还应以政策引导其民生服务保障等功能的拓展，实现特色小城镇发展的综合化、多功能化。

基础设施和公共服务等是保障特色小城镇居民生活、经济运行的必要条件。于旅游型特色小城镇而言，交通道路、餐饮住宿等基础服务设施是吸引游客、满足游客基本需求和小城镇创收的关键要素。但在实际发展中，由于基础配套设施和公共服务的资金投入周期长，见效慢，融资困难，导致文旅型特色小城镇的旅游配套设施不够完善，难以满足游客差异化的多层次需求，使特色小城镇旅游演变为单一的观光游、餐饮游，严重影响了特色小城镇旅游产业链条的延伸和创收能力的提高。再者，特色小城镇规模的扩大也离不开基础设施的完善和公共服务能力的提升，而现实情况是部分小镇的基础设施服务能力提升难以跟上规模扩展的速度，难以满足旅游发展和当地居民的生活需求。因此，在未来的特色小城镇建设中，要加大对特色小城镇基础设施和公共服务的投资力度，以适应特色小城镇扩容和创收的要求。

居民是特色小城镇发展收益的主体，社区参与也因之成为特色小城镇建设的关键要素、持续动力。特色小城镇建设中的社区参与包括小镇建设决策权、发展利益分配权等，诸如在城镇建设中、文化旅游中获得的教育培训、就业机会等。在城镇建设和核心竞争力培育提升中，实现居民有效充分地参与城镇建设是把城镇发展蛋糕做大的关键，亦是实现发展成果由人民共享的关键。特色小城镇建设势必会给当地居民带来更多的收入和就业机会，居民可以直接或间接地参与到小城镇建设和产业发展中。然而，权利的公平和公共管理等机会亦不可忽视，要通过挖掘社区精英参与城镇建设的经营管理、保证社区居民参与分红等方式，提高社区居民的主人翁责任感，实现广泛充分的社区参与。

5. 特色小城镇建设与核心竞争力培育提升融合发展

特色小城镇与一般的建制镇、村镇不同，产业发展是推进其建设和可持续发展的核心，或者说产业发展是特色小城镇建设的“生命之源”。民族地区特色小城镇的建设与发展就是在一定区域范围内，依托于特定的资源优势，积极探寻适应民族地区的经济发展模式，因地制宜，充分挖掘特色资源，培育提升城镇建设、产业发展的核心竞争力，以此建立科学合理的特色产业体系，在不牺牲、不破坏、不损失优秀传统文化的前提下，推进民族地区特色小城镇建设，随之以特色小城镇为核心，发挥其增长极的效应，实现周边地区的经济增长。

推进民族地区特色小城镇建设和培育提升核心竞争力是一项重要的系统工程，二者不是相互独立、互不影响的个体，而是交融互促、融合发展的整体。一方面，民族地区相较于东部沿海地区，具有经济相对落后、开放程度相对较低、人力资金等相对薄弱的特点，在民族地区进行特色小城镇建设，有利于以核心竞争力的培育提升实现产业的可持续发展，随之以特色小城镇产业发展来带动本土民族经济的崛起腾飞。另一方面，培育和提升以资源管理能力、核心吸引力、综合管理力、支撑保障力为要素的核心竞争力是民族地区特色小城镇建设中“特色”获得的集中体现。核心竞争力的培育提升是市场经济发展的必然结果，是促进民族地区特色小城镇建设、民族地区经济提升的必然趋势。

特色小城镇建设和核心竞争力的培育提升两者的核心主题是发展，如何更好地解决新时代发展中本土民族特色以及现代化冲击的双重挑战，遵循“创新、协调、绿色、开放、共享”的新发展理念，实现融合发展是最优解。创新位于五大发展理念的首位，有着独特的地位，无论是特色小城镇还是产业，其发展的空间、动力、潜能、路径、技术、市场等都需要创新来实现。协调主要解决了产业之间、城镇之间、城乡之间、区域之间、经济社会之间的发展不均衡问题，更加注重经济发展的全局性和整体性。绿色的本质体现了人民群众对于美好生活的追求和向往，不仅是自然环境，更是经济和文化的绿色和可持续。开放是实现特色小城镇建设和核心竞争力培育的必由之路，不仅包括观念思维的开放，更需要政策、产业选择与时俱进才可能实现高质量发展。共享意味着特色小城镇建设和产业发展成果的保障，意味着更加重视分配和公平，更加重视各主体的和谐关系。

（二）民族地区特色小城镇核心竞争力提升的原则

1. 归核化原则

由于我国目前大多数民族地区特色小镇缺乏核心竞争力，还未形成自身的核心竞争力，在这一阶段最重要的是整理优势资源，将特色小城镇的优势进行扩大，尤其是要将区域内的产业资源进行整合，着重加大力度发展当地的核心优势产业，让优势产业做大做强，从而让整个特色小城镇走上集约化的发展道路。只有当民族地区特色小城镇具备了良好的产业支撑，才能够形成自身的核心竞争力，从而带动其他产业的发展，进而不断地提升特色小城镇的核心竞争力，形成良性循环。

2. 异质性原则

民族地区特色小城镇在建设与发展的过程中，都要确保自身的核心优势是独一无二的、不可复制的，否则其他特色小城镇就会想方设法模仿优势，从而导致自身的核心优势逐渐消失。对于每一个民族地区特色小城镇来说，自身的发展战略都必须要充分地结合自身的实际情况，同时应当充分地挖掘出自身的独特资源与优势，从而促使特色小城镇形成独一无二的核心竞争力。只有这样才能够确保特色小城镇的优势是具有异质性的，这也是必须要坚持的异质性原则。当自身的竞争优势与其他的特色小城镇之间雷同或类似的时候，就要想办法将自身的优势提升至更高的水平，或者继续挖掘不同于竞争对手的竞争优势，坚决实行错位发展，当各民族地区特色小城镇都遵循异质性原则的时候，我国的旅游业就能够避免千篇一律的问题，呈现出百花齐放的盛况。

3. 协同发展原则

在培育民族地区特色小城镇核心竞争力的过程中，要始终坚持协同发展的原则，促进特色小城镇及其周边区域的全面发展。在开展设计规划的过程中，当地政府不仅要加大旅游业的发展，还要突出其对民族文化的传承与保护，同时要带动特色小城镇及其周边区域的经济社会发展。比如在开发旅游项目的时候，应当配合当地的城市发展和乡镇建设，为本地区域的经济发展提供新的增长点，同时促进当地产业转换平台的建设，让民族地区居民的生活能够得以展示，帮助当地民众提高收入水平和就业率，同时能够解决民族地区文化传承的问题。总的来说，民族地区特色小城镇的建设与发展，必须要坚持协同发展原则，将特色小城镇的规划与设计同所在区域的发展战略相适应，才能够培育自身的核心竞争力。

4. 动态调适原则

前文提到民族地区特色小城镇的建设不是一朝建成就能够千秋获利

的，同时特色小城镇的核心竞争力也不是一成不变的，而是要经过不断地调整和充实，才能够发展出自身的独一无二的核心竞争力，同时当外部环境出现变化的时候，自身过去的核心竞争力可能就不再适合当下。为了维持民族地区特色小城镇核心竞争力的持续性，特色小城镇要分析今后的市场发展趋势，将今后市场中可能的核心竞争力捕捉到，并投入资源培育和发展核心竞争力，同时民族地区特色小城镇还需要及时对自身拥有的资源及管理资源的能力进行评价，并对其进行重新明确和配置。

二、民族地区特色小城镇核心竞争力提升的保障机制

特色小城镇建设是一个系统工程，其核心竞争力的培育离不开与之密切相关的政府、市场、企业、民众这四大主体，为实现共生、共享、共治和共荣的发展目标，必须要协调多元利益，因而要从制度、产业、资本和管理组成“四位一体”的机制，以确保民族地区特色小城镇有效运转和核心竞争力的提升。因此民族地区特色小城镇核心竞争力培育提升的保障机制将从以下几方面进行分析。

（一）强化要素支撑构建“一体两翼”保障体系

为了能够更好地推动民族地区特色小城镇建设，协调多元利益，民族地区各级政府部门需要具有创新理念，要制定出明确的、操作性强的可落地实施政策。这些对建设特色小城镇起着关键的作用。在特色小城镇的建设过程中，当地政府要逐渐构建以国家法律保障、产业发展支撑、融资机制支撑为保障的体系，完善特色小城镇产业生态系统。建设以法律规则体系为主体、产业政策引导和财政资金扶持为两翼的制度保障机制。一是要根据国家相应的政策、法规，结合当地民族地区自身实际情况，出台相应的法律法规和有关政策，规范和促进特色小城镇的发展。

二是要通过对某个优势产业的聚焦，找准特色小镇产业发展定位，选择主导产业，围绕其来打造完整的产业生态链。通过找准民族地区特色小城镇的“产业生态位”，形成特色产业引导机制，以建设成具有民族地区特色的小城镇。三是要形成社会资本动员机制，创新特色小镇的建设融资模式，拓宽特色小镇建设的投资融资渠道。通过建立产业基金、采用股权众筹等多样化的融资方式，降低融资成本，避免投资的短期获利性，加大引入社会资本建设产业生态系统力度。同时在特色小镇建设时，要降低资本方对特色小城镇建设的干扰，保持特色小城镇的自主创新性。

（二）注重政府—市场—社会多主体间联动发展

特色小城镇建设是一个系统工程，其核心竞争力的培育离不开与之密切相关的政府、市场、企业、民众这四大主体，为实现共生、共享、共治和共荣的发展目标，必须要协调多元利益，注重政府—市场—社会多主体联动发展。于政府层面而言，政府要发挥其引导、统筹的作用。通过鼓励土地流转，扶持龙头企业、专业合作社发展“市场＋企业＋基地＋农户”的模式，使特色产业步入规模化、集约化、基地化、标准化发展的轨道。同时，要积极发挥社会层面的力量，通过文化力量鼓舞带动社会参与特色小镇建设的积极性。如为带动当地居民积极参与小城镇建设，可开展“六进”活动，弘扬优秀文化。将优秀传统文化植入特色小镇和新型城镇化示范乡镇建设中，开展优秀传统文化“进机关、进社区、进学校、进农村、进家庭、进企业”，以行政村或自然村为单位，成立优秀传统文化传承发展联合会。联合会在发动群众、化解各种矛盾纠纷、推进项目建设等方面起着积极的作用，调节联合会成员主动参与征地拆迁、交通管制等各项工作，实现政府、社会、村民之间三方主体的良性互动。

（三）推进科学管理服务和城镇间帮扶机制

与发达地区的特色小镇建设相比，民族地区特色小镇的建设基础十分薄弱，因此特色小城镇决策管理者需要能有效整合资源并合理开发，在运营管理上应具有敏锐的市场眼光和超前意识，培育特色小镇要理性，不能急于求成搞面子工程。要严格强化特色小城镇的规划审批，要支持各类企业，尤其是创新型企业，利用民族文化资源发展创意产业。在建设初期需要政府及相关机构在功能分区、设施建设方面进行合理的引导管理，通过以奖代补的方式实施有效的奖惩机制，加速民族地区特色小镇核心竞争力的形成。同时，也要防止政绩工程以及运用主体错位等问题，合理发挥政府及相关机构在特色小镇建设中的作用，让政府支持成为民族地区特色小镇核心竞争力的重要后盾。一方面，政府及相关部门可设立特色小镇建设领导小组，在网页宣传、政务处理方面集中管理本地区的特色小镇，充分发挥政府及相关机构在招商引资与区域平台搭建中的主导作用；另一方面，注重科技管理，建立特色小城镇产业生态系统数据库，为特色小镇竞争力建设提供理论和数据支撑。通过发挥政府的行政作用，管理特色小镇行政审批和小镇发展公共服务等事项，统一履行政府职能。同时，要实现设置审批目录清单，公开特色小镇发展的相关事项。最后，也可和发达城市结对帮扶，增加第三方如常设的专家学者完善特色小城镇培育智库。在特色小镇的户籍管理上，改革户籍管理制度，放宽落户条件，变常住人口为户籍人口，以为特色小镇留住人口。

（四）不断优化和完善评估体系和风险防范机制

当前，已建立国家级、省级、市县级重点小城镇培育体系，但在考核评估力度和风险防控上仍不足，加强政府监管力度与奖惩机制，科学制定特色小镇考核评估机制也是增强特色小城镇政府扶持力的重要内容，利于防范“虚假特色小城镇”的出现。首先，特色小镇的评估考核可分为两个阶段，第一阶段是行业评估阶段，第二阶段是综合考核阶段。根据实地调研情况，部分省区在考核特色小镇建设情况时，将不同产业、不同类的特色小镇放在一同评估，但有些产业不具备可比性，因而需要将考核工作进行有效拆分，先开展行业内特色小城镇建设情况评估，筛选出优劣，随后将各行业的特色小镇一同综合比较。其次，要加强特色小镇的评估督导与优胜劣汰，完善奖惩机制。将产业定位不准、民族文化特色不鲜明、生态环境质量差的特色小镇列入风险小镇，坚持淘汰一批严重同质化、缺乏产业前景的特色小镇，提升民族地区特色小镇的区域核心竞争力。通过科学的评价手段，客观真实地反应民族地区特色小城镇的资源管理力、核心吸引力、小镇管理力及支撑保障力，进而衡量民族地区特色小镇的核心竞争力水平，以确保民族地区的特色小镇建设不断补齐短板，针对自身的地域特色，因地制宜地提升核心竞争力，逐渐形成增长极效应，由点及面地推进民族地区社会经济发展。

三、民族地区特色小城镇核心竞争力提升的对策

在提升民族地区特色小城镇核心竞争力的过程中，在坚持以上基本原则的基础上，还应当围绕基本策略来制定相应的提升对策，首先特色小城镇要开展各类资源的整合，其次提高自身的能力转化水平，然后将资源的独特性和可持续性进行结合，最终动态完善自身的核心竞争力。

(一) 有效整合民族地区各类资源以优化资源管理力

我国民族地区的特色小城镇拥有丰富资源，比如文化资源、自然生态资源等，但是通常情况下特色小城镇并没有将这些资源进行有效地整合。而民族地区特色小城镇在培育自身的核心竞争力的过程中，就必须要将这些资源作为基础，同时在整合民族地区各类资源的时候，并不是简单地将分散的进行整合，而是要进行有机、有效的整合。这是因为简单整合在一起并不能够提高资源的配置效率，只有通过有机、有效的整合之后，才能够提高资源的配置效率。尽管我国大多数民族地区的资源都是非常丰富的，但是并没有为当地民众创造巨大的价值，这就是因为

资源没有得到有效整合和优化配置。因此，不管民族地区特色小城镇的资源优势多么强大，都必须要对这些资源进行有效整合，才能够在激烈的市场竞争中体现出自身的竞争优势。

在开展资源整合的过程中，要抓住几个关键点，首先是生活方式的营造，这是建设民族地区特色小城镇的重点内容，因为民族地区特色小城镇的核心不是农民进城，而是让广大的城市居民到特色小城镇体验乡村，同时还要让当地的产业能够留得住人才，否则特色小城镇最终必然破产；其次是建设符合体系，民族地区特色小城镇包含多个体系，比如生态体系和文化体系以及社会体系等，这些体系的建设是一个综合性很强的工程，因为涉及的行业非常复杂，所以即使是企业巨头也很难做到；最后是跨界资源进行整合，如果不开展跨界资源的整合，那么特色小城镇无法良好发展，核心竞争力更是无稽之谈，这需要政府和各个行业的企业以及当地民众等共同进行合作，才能够实现跨界资源的整合。

（二）大力发挥产业集群优势以增强小镇核心吸引力

资源优势转化为经济优势才能为特色小镇核心竞争力培育发展发挥重要作用。在特色小镇发展中，如何促进资源向产品的转化，为当地民众带来价值是民族地区特色小镇获取经济效益、拥有核心竞争力的前提。因此，拥有特色小镇资源转化的能力至关重要。丰富的资源意味着民族地区特色小城镇拥有着巨大的发展潜力，但是要将这些发展潜力真正挖掘出来，就必须要具备转化资源的能力，要提高自身的小镇管理能力，用制度管理特色小城镇，要让特色小城镇的社会、经济和生态以及科技等领域全面协调发展。民族地区特色小城镇产业集群的形成，需要整合民族地区的优势产业基础，确定主导产业，发展相关产业，推进相关产业的配套基础设施建设，延长产业链，推动民族地区的特色产业在空间上实现产业集聚，进而成为民族区域发展的增长极与特色产业创新体系的重要节点。

(三) 注重独特性与可持续性相结合以强化管理力

民族地区的自然资源有着独特性，但是很多特色小城镇在刚建立时人气爆棚，尤其是一些以自身民族独特的文化资源为主的特色小城镇，但是时间一久就逐渐走下坡路，这说明很多特色小城镇都不具备可持续性。为了培育民族地区特色小城镇的核心竞争力，就必须要将资源的独特性和可持续性进行结合。对很多民族地区特色小城镇来说，资源的独特性是得天独厚、与生俱来的，但是可持续性却很难培育，这是因为游客很容易对某一事物产生审美疲劳，同时市场中也会出现大量同质化的内容，因此，为了能够保障特色小城镇实现可持续性发展，就必须要确保资源的独特性与可持续性相结合，从而获取强大的竞争优势。而可持续性是一个历时性的概念，强调事物发展的持久性、稳定性。在民族地区特色小城镇建设的语境下，可持续性常与环境资源的可持续发展挂钩。这就意味着在保障民族地区资源可持续性的时候，绝对不能够以破坏历史文化、生态环境等来获取短期的利益，否则就会走上错误的发展道路，特色小城镇最终只会走向衰败。

(四) 注重动态调适和新技术应用以完善支撑保障力

市场是不断变化的，市场竞争亦会随着时代背景、发展条件变化而变化，所以核心竞争力也是在不断地发生着变化的。基于核心竞争力的变化性、动态性，对于民族地区特色小城镇，必须要采取动态完善核心竞争力的基本策略。只有通过不断的实践，将实践与理论充分地结合在一起，才能够正确分析市场的变化和特色小城镇核心竞争力的变化。比如民族地区特色小城镇打造了一项具有核心竞争力的、非常受游客青睐的旅游产品，也许短时期内能够广受欢迎，但是这必然也会导致其他特色小城镇模仿抄袭，从而导致旅游产品的同质化，同时游客在多次体验相同的旅游产品之后，再次体验的意愿就会大幅降低。与此同时，随着抖音、快手等短视频 APP 的兴起，越来越多的民族地区特色小城镇爆红，但是爆红之后就被广大的游客抛之脑后。一个能够长期受游客青睐的民族地区特色小城镇，必然需要具备自身的核心竞争力，必须要不断完善自身的核心竞争力，只有这样才能够在瞬息万变的市场竞争中持续发展。

总的来说，在培育民族地区特色小城镇核心竞争力的过程中，首先要坚持前文提到的各项基本原则，其次在制定具体的培育提升路径的时候，也必须要围绕以上几个各方面的基本策略来进行。

第六章 结论与展望

一、主要研究结论

特色小城镇建设是国家基于新时代发展背景下的又一发展战略，是城镇化建设的新尝试，是促进产业发展和城镇建设相结合的新的空间生产模式。作为新时代城镇化建设的新尝试，特色小镇建设的道路有一个模糊到明确的过程。特色小镇建设经历了由区域性实践推广至全国的阶段化发展过程，也经历了由无序到相对规范的过程。民族地区特色小镇建设是民族地区经济发展的重要内容。然而，民族地区当前的特色小城镇建设相对滞后，经济发展水平相对较低，城镇化发展进程相对缓慢，产业带动力较弱，影响了民族地区特色小城镇建设的初始禀赋，但民族地区又具有十分丰裕的文化、生态资源，在发展特色小城镇方面具有广阔的发展前景，培育好的民族地区特色小城镇能促进民族地区资源的优化配置，引领和带动民族地区未来经济发展。因而，民族地区特色小城镇核心竞争力培育很有必要性。

本书基于核心竞争力理论、旅游产业价值链理论、产业融合理论及可持续发展理论对民族地区特色小城镇建设核心竞争力进行分析，选取两个典型的民族地区的两个特色小城镇进行案例实证。现将主要研究结论总结如下：

(1) 民族地区特色小镇核心竞争力是一个包含了多重要素的复杂整体。民族地区的特色小镇建设既涉及文化传承、生态保护、产业发展等内在因素，也涉及基础设施、政策支持、管理能力等外在因素，是内部环境与外部支撑的综合统一，是一个包含了多重要素的复杂整体，其核心竞争力也受到多重因素的相互作用。因此，需要我们按照系统论的思维方式，将民族地区特色小镇核心竞争力的构成要素进行分析，各要素间的含义要明确，不能模糊各要素之间的边界性。

（2）构建出民族地区特色小镇核心竞争力影响因素模型，即 RCTS 四因素模型。本书以民族地区的特色小城镇是文化传承与创新产业发展的重要载体，也是重要的旅游目的地为出发点，依据旅游产业价值链理论，分析民族地区特色小镇的基本价值活动主要包括特色小镇的规划管理、文化与生态资源保护、民族文化旅游开发、特色小镇名片营销等方面，辅助活动主要包括基础设施建设、人力资源管理、资金管理、创新发展、新技术应用等方面，通过价值活动实现民族地区特色小镇三大价值目标：生态、社会和经济价值，并根据旅游地竞争力影响因素模型的分析，民族地区特色小镇核心竞争力的主要来源，构建出民族地区特色小镇核心竞争力影响因素模型，即 RCTS 四因素模型：包括资源管理力、核心吸引力、小镇管理力、支持保障力，四大因素相互影响，共同作用于民族地区特色小镇核心竞争力。

（3）本书选取广西桂林市恭城县莲花镇（文中称“月柿小镇”）和贵州黔东南州雷山县西江镇（书中称“苗寨风情小镇”）这两个首批国家级特色小城镇为案例点，对当地的四大影响因素展开分析，从得出的经验结论和存在的问题推导出：资源管理力是培育民族地区核心竞争力的内在基础、核心吸引力是培育民族地区核心竞争力的核心所在、小镇管理力是培育民族地区核心竞争力的关键环节、支持保障力是培育民族地区核心竞争力的有效保证。

（4）提出了培育民族地区特色小城镇核心竞争力的总体思路，即目标：资源管理力提升、核心吸引力强化、综合管理力增强、支撑保障力强化，实现特色小城镇建设和培育提升核心竞争力融合发展和应遵循的原则：一是归核化原则，即集中民族地区特色小城镇的优势资源，重点发展核心优势产业，将优势产业做大、做精、做强，走集约化的发展道路。二是异质性原则，即民族地区特色小镇的核心优势必须具有独特性，每个特色小镇的发展战略应当有利于形成自身核心竞争力所支撑的特色优势，这一特色优势具有异质性，是异于其他竞争对手的竞争优势，实现错位发展。三是遵循协同发展原则，即民族地区特色小城镇应与所在区域的发展战略相呼应，实现区域的协同可持续发展。四是遵循动态调适原则，即民族地区特色小城镇要不断调整、充实和发展自身的核心竞争力，同时还要着眼于培育和捕捉未来可以进一步深入发展的核心竞争力，及时对自身资源和能力重新配置和定位。基本策略：整合各类资源，兼顾民族文化旅游功能；找准优势产业集群化发展，培育产业竞争优势；坚持独特性和可持续性相结合；做好动态调试，完善核心竞争力。

(5) 结合民族地区特色小城镇核心竞争力影响因素和其中存在的问题，围绕民族地区特色小城镇核心竞争力培育的总体思路，提出“强化要素支撑，构建‘一体两翼’保障体系，协调多元利益，注重政府—市场—社会多主体联动发展，注重创新驱动，推进科学管理服务和城镇对口帮扶机制，建立动态监控，不断完善评估体系和风险防范机制”的路径。

总之，民族地区特色小城镇的建设要坚决避免盲目模仿抄袭。结合自身实际做好相应的基础建设、配套服务，实现与城镇体系的有机协调将是更加务实的选择。在提升民族地区特色小城镇核心竞争力方面，要针对自身的地域特色，不断补齐产业短板，发挥文化、生态资源优势，因地制宜地提升核心竞争力，逐渐形成增长极效应，由点及面地推进民族地区社会经济发展。

二、未来研究展望

因受研究时间、个人精力和水平、数据资料等一些条件的限制，很难对民族地区特色小城镇核心竞争力培育效果进行深入而透彻的研究，因而存在以下两方面不足，未来可进行进一步的研究与完善：

（1）因部分民族地区已出台有关评价考核指标，但有些民族地区省份目前尚没有特色小城镇建设考核指标，因而未来可采用科学的计量方法和全面的旅游大数据调研资料，结合核心竞争力四大要素针对民族地区制定统一的特色小城镇核心竞争力评价指标，为民族地区特色小镇核心竞争力评价提供量化工具，对民族地区特色小镇核心竞争力进行系统的科学测算。这样能够准确把握民族地区特色小镇当前的核心竞争力水平及其不足的环节。

（2）特色小城镇是我国新型城镇化的重要出路，但不是唯一出路，不能将特色小镇建设的发展视为绝对化、必须化的事情。对于还不具备特色小城镇发展条件的大多数民族地区小城镇来说，要如何建设才能既彰显特色，又具备自身的竞争力，是一个值得继续探讨的问题。

参考文献

[1] Rod Bantjes. Rural sustainability and the built environment[J]. Journal of Enterprising Communities People and Places in the Global Economy, 2011(2): 60–74.

[2] Isserman A M, Feser E, Warren D E.Why some rural places prosper and others do not[J]. Inernational Regional Science Review, 2009(3): 300–342.

[3] Yonggang Hao, Hongwei Li, Hui Zhang. Value appraisal system of small towns' construction land based on multiple principles fusion[J]. International Journal of Applied Mathematics and Statistics™, 2013, 51(24).

[4] Qu Xiaojing. Study on the rural tourism and construction of small towns in Hubei province—taking Tangchi Town, Yingcheng City as an Example[C]. Proceedings of 2017 International Conference on Innovations in Economic Management and Social Science (IEMSS 2017), 2017: 272–278.

[5] Cheng Bo Zheng. The problems and thinking of planning and construction in rural communities under new urbanization[J]. Applied Mechanics and Materials, 2014, 3309:584–586.

[6] PérezTapia Gema, Almeida García Fernando, Mercadé Melé Pere. The "Four Core Elements" as a measuring instrument: from Simplicity to Complexity in Tourist Destination[J]. Economies,2021,9(2):128–130.

[7] Fernandes Gonçalo,Daniel Ana, Almeida Helder. Collaborative strategies and tourist competitiveness in medium mountain destinations: Study on the positioning of tourist actors in the natural park of Serra da Estrela[J]. European Journal of Tourism, Hospitality and Recreation, 2021, 11(1): 71–74.

[8] Determinants of tourist competitiveness in Mexican sun and beach destinations[J]. Región Sociedad, 2017, 29(68):32–36.

[9] Maria Francesca Cracolici, Peter Nijkamp. The attractiveness and competitiveness of tourist destinations: A study of Southern Italian regions[J]. Tourism Management, 2009, 30(3):121–125.

[10] Bajracharya B N. Promoting small towns for rural development: A view from Nepal[J]. Asia-Pacific population journal / United Nations, 1995, 10(2): 27–50.

[11] Douglass M. Transnational capital and the social construction of comparative advantage in southeast Asia[J]. Asian Journal of Social Science, 1991, 19(1): 14–43.

[12] Todaro M P. Model of labor migration and unemployment in less developed countries[J]. American Economic Review, 1969, 59(1): 138–148.

[13] Zeitschrift für die gesamte Staatswissenschaft Developed and underdeveloped countries: some problems of comparative analysis[J]. Journal of Institutional and Theoretical Economics, 1968, 124(1):10–15.

[14] 埃比尼泽・霍华德. 明日的田园城市 [M]. 北京：商务印书馆，2000.

[15] 麦金托什，格波特. 旅游学：要素、实践、基本原理 [M]. 上海：上海文化出版社，1985.

[16] 阿瑟・刘易斯. 二元经济论 [M]. 北京：北京经济学院出版社，2000.

[17] 西奥多・W. 舒尔茨. 改造传统农业 [M]. 北京：商务印书馆，1987.

[18] 钱纳里，赛尔昆. 发展的格局 [M]. 北京：中国财政经济出版社，

1989.
[19] 施正一. 民族经济学和民族地区的四个现代化 [M]. 北京：民族出版社，1987.
[20] 费孝通. 小城镇四记 [M]. 北京：新华出版社，1985.
[21] 费孝通. 行行重行行——乡镇发展论述 [M]. 银川：宁夏人民出版社，1992.
[22] 杨慈，陈志明，张展鸿，等. 旅游、人类学与中国社会 [M]. 昆明：云南大学出版社，2001.
[23] 李忠斌. 民族经济发展新论 [M]. 北京：民族出版社，2004.
[24] 李忠斌. 民族经济研究文集 [M]. 北京：光明日报出版社，2007.
[25] 李建中. 民族经济全面转型发展战略研究 [M]. 北京：中国财政经济出版社，2012.
[26] 吴必虎，聂委光. 文旅产业的韧性与创新 [M]. 北京：中国旅游出版社，2021.
[27] 陈建明. 特色小镇全程操盘及案例解析 [M]. 北京：新华出版社出版社，2018.
[28] 张志刚，刘爱华. 2019 年中国民族统计年鉴 [M]. 北京：民族出版社，2020.
[29] 许光中. 中国西北地区小城镇发展问题研究 [M]. 北京：人民出版社，2021.
[30] 吴文恒，等. 小城镇发展研究——中国西北的调查兼与美国的比较 [M]. 西安：陕西师范大学出版社，2010.
[31] 刘晓鹰. 中国西部欠发达地区城镇化道路及小城镇发展研究 [M]. 北京：民族出版社，2008.
[32] 张英. 民族地区旅游资源开发与城镇化建设协同机制研究 [M]. 北京：人民出版社，2019.
[33] 李天翼. 西江模式 [M]. 北京：社会科学文献出版社，2018.
[34] 倪鹏飞. 中国城市竞争力理论与实证分析 [M]. 北京：中国经济出

版社，2001.
[35] 谭亮. 基于企业核心竞争力理论视角的企业战略管理研究 [M]. 成都：四川大学出版社，2017.
[36] 李俊杰. 民族经济政策与民族地区发展 [M]. 北京：民族出版社，2013.
[37] 康艳兵，廖虹云，赵盟. 小城镇绿色低碳发展的路径与对策 [M]. 北京：中国发展出版社，2018.
[38] 赵光忠. 核心竞争力与资源整合策划 [M]. 北京：中国经济出版社，2003.
[39] 包亚芳，孙治，薛群慧. 旅游品牌竞争力理论案例 [M]. 杭州：浙江工商大学出版社，2012.
[40] 臧德霞. 旅游目的地竞争力评价——基于国内客源市场的研究 [M]. 济南：山东科学技术出版社，2016.
[41] 傅淑丽. 边疆民族地区小城镇建设与发展 [M]. 北京：经济科学出版社，2005.
[42] 罗淳，武友德. 小城镇大作为：西南边疆民族地区小城镇建设研究 [M]. 北京：光明日报出版社，2009.
[43] 许莉. 小城镇公共服务供给结构：理论与实证分析 [M]. 北京：经济管理出版社，2017.
[44] 彭震伟. 新常态下的特色小城镇规划、建设和管理 [M]. 上海：同济大学出版社，2017.
[45] 费孝通. 论中国小城镇的发展 [J]. 经济研究参考，1996(6)：72−75.
[46] 盛世豪，张伟明. 特色小镇：一种产业空间组织形式 [J]. 浙江社会科学，2016(3)：36−38.
[47] 马斌. 特色小镇：浙江经济转型升级的大战略 [J]. 浙江社会科学，2016(3)：39−42.
[48] 翁建荣. 高质量推进特色小镇建设 [J]. 浙江经济，2016，(8)：6−10.
[49] 李铁. 特色小镇的发展，应该泼一泼冷水了 [J]. 智能城市，2017，

3(9): 7−10.

[50] 张雷. 运动休闲特色小镇：概念、类型与发展路径 [J]. 体育科学，2018，38(1): 18−26.

[51] 武前波，徐伟. 新时期传统小城镇向特色小镇转型的理论逻辑 [J]. 经济地理，2018，38(2): 82−89.

[52] 杨振之，蔡寅春，谢辉基. 特色小镇：思想流变及本质特征 [J]. 四川大学学报：哲学社会科学版，2018，(6): 141−150.

[53] 单彦名，马慧佳，宋文杰. 全国特色小镇创建培育认知与解读 [J]. 小城镇建设，2016(11): 20−24.

[54] 马斌. 特色小镇：浙江经济转型升级的大战略 [J]. 浙江社会科学，2016(3): 39−42.

[55] 卓勇良. 创新政府公共政策供给的重大举措——基于特色小镇规划建设的理论分析 [J]. 浙江社会科学，2016(3): 32−36.

[56] 顾欣，吴嘉贤，张雪洁. 特色小镇科技支撑体系的运行机制及建设路径研究 [J]. 江苏社会科学，2017(6): 267−270

[57] 周晓虹. 产业转型与文化再造：特色小镇的创建路径 [J]. 南京社会科学，2017(4): 12−19.

[58] 刘国斌，高英杰，王福林. 中国特色小镇发展现状及未来发展路径研究 [J]. 哈尔滨商业大学学报：社会科学版，2017(6): 98−107.

[59] 倪震，刘连发. 乡村振兴与地域空间重构：运动休闲特色小镇建设的经验与未来 [J]. 体育与科学，2018，39(5): 56−62.

[60] 朱文韬，栾敬东，朱礼龙. 共享经济视角的安徽“三瓜公社”特色小镇乡村振兴发展研究 [J]. 中南林业科技大学学报：社会科学版，2018，12(5): 70−76.

[61] 孙娜，冯志佰. 新时代背景下吉林省特色小镇发展现状及创新路径探析 [J]. 长春师范大学学报，2018，37(12): 85−89.

[62] 熊正贤. 特色小镇政策的区域比较与优化研究——以云贵川地区为例 [J]. 云南民族大学学报：哲学社会科学版，2019，36(2): 104−

116.
[63] 陈立旭. 论特色小镇建设的文化支撑 [J]. 中共浙江省委党校学报，2016，32(5)：14−20.
[64] 付晓东，蒋雅伟. 基于根植性视角的我国特色小镇发展模式探讨 [J]. 中国软科学，2017(8)：102−111.
[65] 张鸿雁. 特色小镇建设与城市化模式创新论——重构中国文化的根柢 [J]. 南京社会科学，2017(12)：59−67.
[66] 陈清，吴祖卿. 福建特色小镇发展建设的“资源＋人才＋创新”策略分析 [J]. 福建论坛：人文社会科学版，2017(3)：161−166.
[67] 张环宙，吴茂英，沈旭炜. 特色小镇：旅游业的浙江经验及其启示 [J]. 武汉大学学报：哲学社会科学版，2018，71(4)：178−184.
[68] 姚尚建. 城乡一体中的治理合流——基于“特色小镇”的政策议题 [J]. 社会科学研究，2017(1)：45−50.
[69] 骆琼，张慧. 新时代文化类特色小镇建设困境与消解路径 [J]. 内蒙古财经大学学报，2019，17(1)：79−82.
[70] 王国华. 略论文化创意小镇的建设理念与方法 [J]. 北京联合大学学报：人文社会科学版，2016，14(4)：8−16.
[71] 王振坡，薛珂，张颖，等. 我国特色小镇发展进路探析 [J]. 学习与实践，2017(4)：23−30.
[72] 郁建兴，张蔚文，高翔，等. 浙江省特色小镇建设的基本经验与未来 [J]. 浙江社会科学，2017(6)：143−150.
[73] 郝华勇. 欠发达地区打造特色小镇的基础差距与现实路径 [J]. 理论月刊，2017(12)：165−170.
[74] 王志文，沈克印. 产业融合视角下运动休闲特色小镇建设研究 [J]. 体育文化导刊，2018(1)：77−81.
[75] 徐点点，王彬汕，孙冰颖，等. 休闲旅游特色小镇政策分析及完善建议 [J]. 小城镇建设，2018，36(11)：120−125.
[76] 李宇军，张继焦. 走内源型发展路子建设具有竞争优势的特色小镇：

以贵州省为例 [J]. 贵州社会科学，2018(11)：123-128.
[77] 庄晋财，卢文秀，华贤宇. 产业链空间分置与特色小镇产业培育 [J]. 学习与实践，2018(8)：36-43.
[78] 程响，何继新. 城乡融合发展与特色小镇建设的良性互动——基于城乡区域要素流动理论视角 [J]. 广西社会科学，2018(10)：89-93.
[79] 陈良汉，周桃霞. 浙江省特色小镇规划建设统计监测指标体系和工作机制设计 [J]. 统计科学与实践，2015(11)：4-7.
[80] 许福娇. 做好特色小镇统计监测工作的探索与思考 [J]. 统计科学与实践，2016(8)：52-54.
[81] 潘静波. 二维视角下金融类“特色小镇”的培育指标体系构建——以杭州市为例 [J]. 经贸实践，2016(20)：31-32.
[82] 董兴林，牛春云. 青岛西海岸新区特色小镇可持续发展评价研究 [J]. 青岛农业大学学报：社会科学版，2017，29(1)：40-45.
[83] 雷仲敏，张梦琦，李载驰. 我国特色小镇发展建设评价研究——以青岛夏庄生态农业特色小镇建设为例 [J]. 青岛科技大学学报：社会科学版，2017，33(3)：8-12.
[84] 徐苏妃，张景新. 基于复杂适应系统理论的广西特色小镇发展评估与对策 [J]. 桂林航天工业学院学报，2017，22(4)：404-410.
[85] 董兴林，牛春云. 青岛西海岸新区特色小镇可持续发展评价研究 [J]. 青岛农业大学学报：社会科学版，2017，29(1)：40-45.
[86] 温燕，金平斌. 特色小镇核心竞争力及其评估模型构建 [J]. 生态经济，2017，33(6)：85-89.
[87] 孟雷，费子昂. 特色小镇综合竞争力培育路径研究 [J]. 中国集体经济，2019(10)：12-14.
[88] 胡争光，张冲冲. 企业核心竞争力与“僵尸企业”关系研究——以我国上市工业企业为例 [J]. 会计之友，2019，(3)：46-50.
[89] 刘承水. 试论企业竞争战略之核心竞争力 [J]. 北京城市学院学报，2008(4)：77-84.

[90] 秦德智，秦超，蒋成程. 企业文化软实力与核心竞争力研究 [J]. 科技进步与对策，2013，30(14)：95−98.
[91] 韦琳，要世聪，石玉. 成本领先战略对企业核心竞争力的影响研究——基于经济危机前后上市公司经验数据 [J]. 河北经贸大学学报，2015，36(1)：89−96.
[92] 朱文莉，刘羽萌，赵勇. 企业核心竞争力评价体系的构建与应用：从生态位视角 [J]. 企业经济，2015，34(3)：16−20.
[93] 雷智. 受托责任对信托公司核心竞争力影响的实证研究 [J]. 现代商贸工业，2019，40(14)：68−71.
[94] 于明，刘贻玲. 矿山企业核心竞争力评价指标体系构建 [J]. 智库时代，2019(16)：51−53.
[95] 何璐，耿玉德. 林业企业社会责任对企业竞争力的影响 [J]. 东北林业大学学报，2019，47(6)：99−104.
[96] 郑红星，赵滢瑄，匡海波. 排放控制、管理决策与集装箱班轮企业竞争力关系研究 [J]. 软科学，2019，33(4)：66−69.
[97] 周波，李艳翎，周超. 体育产业核心竞争力评价体系及其实证研究 [J]. 北京体育大学学报，2015，38(9)：6−14.
[98] 陈虹，李赠铨. 中国先进制造业国际竞争力的实证分析 [J]. 统计与决策，2019，35(7)：154−157.
[99] 赵庆超，段新芳，由佳，等. 基于钻石模型的山东省人造板产业竞争力研究 [J]. 中国人造板，2014，21(1)：1−5.
[100] 曹秀珍. 产业融合视角下体育旅游产业核心竞争力的培育研究 [J]. 浙江体育科学，2018，40(6)：18−21.
[101] 周文静. 基于钻石模型的滑雪产业核心竞争力评价研究 [J]. 江汉大学学报：自然科学版，2018，46(4)：379−384.
[102] 温燕，金平斌. 特色小镇核心竞争力及其评估模型构建 [J]. 生态经济，2017，33(6)：85−89.
[103] 周莉雅，李晓清. 江苏特色小镇创建的思考与启示 [J]. 中国经贸

导刊：理论版，2017，(14)：11－12.
[104] 杨梅，郝华勇. 特色小镇引领乡村振兴机理研究 [J]. 开放导报，2018，(2)：72－77.
[105] 秦笑. 特色小镇产城融合发展路径及其核心竞争力评估模型构建 [J]. 江苏商论，2018(10)：112－118.
[106] 杨姝. 我国体育特色小镇竞争力研究——基于波特钻石模型分析 [J]. 河北体育学院学报，2018，32(3)：41－46.
[107] 辛金国，吴泽铭. 浙江省特色小镇竞争力统计监测机制研究 [J]. 统计科学与实践，2018(6)：28－31.
[108] 张亚明，王丹丹，苏妍嫄. 创新生态系统视域下河北特色小镇培育研究 [J]. 经济与管理，2018，32(6)：39－44.
[109] 郭舒，曹宁. 旅游目的地竞争力问题的一种解释 [J]. 南开管理评论，2004(2)：95－99.
[110] 易丽蓉，李传昭. 旅游目的地竞争力五因素模型的实证研究 [J]. 管理工程学报，2007，(3)：105－110.
[111] 张志刚，刘爱华. 2019 年中国民族统计年鉴 [M]. 北京：民族出版社，2020.
[112] 陈静宇，张立强. 企业持续竞争优势的决定及企业核心竞争力的源泉 [J]. 中央财经大学学报，2007(5)：75－80.
[113] 符正平. 新竞争经济学及其启示：评波特竞争优势理论 [J]. 管理世界，1999(3)：216－217.
[114] 傅国华. 运转农产品产业链提高农业系统效益 [J]. 中国农垦经济，1996(11)：24－25.
[115] 陈甬军. 中国的城市化与城市化研究——兼论新型城市化道路 [J]. 东南学术，2004(4)：23－29.
[116] 牛文元. 新型城市化建设：中国城市社会发展的战略选择 [J]. 中国科学院院刊，2012，27(6)：670－677.
[117] 杨重光. 新型城市化是必由之路 [J]. 中国房地信息，2010，(2)：

14−19.

[118] 曾江，慈锋. 新型城镇化背景下特色小镇建设 [J]. 宏观经济管理，2016(12): 51−56.

[119] 崔许锋. 民族地区的人口城镇化与土地城镇化：非均衡性与空间异质性 [J]. 中国人口・资源与环境，2014(8)：63−72.

[120] 吴康，方创琳. 新中国 60 年来小城镇的发展历程与新态势 [J]. 经济地理，2009，29(10): 1605−1611.

[121] 国家新型城镇化规划（2014—2020 年）[J]. 农村工作通讯，2014，(6): 32−48.

[122] 杨德进，白长虹，牛会聪. 民族地区负责任旅游扶贫开发模式与实现路径 [J]. 人文地理，2016(4)：119−126.

[123] 陈祖海，雷朱家，华刘驰. 民族地区能源开发与经济增长效率研究——基于"资源诅咒"假说 [J]. 中国人口・资源与环境，2015(6): 98−106.

[124] 李忠斌，郑甘甜，单铁成. 论社会主要矛盾的转变与民族地区加快发展 [J]. 广西民族研究，2018(2): 8−15.

[125] 房冠辛，张鸿雁. 新型城镇化的核心价值与民族地区新型城镇化发展路径 [J]. 民族研究，2015(1): 13−24.

[126] 黄亚平，汪进. 论小城镇特色的塑造 [J]. 城市问题，2006(03): 6−9.

[127] 任世英，邵爱云. 试谈中国小城镇规划发展中的特色 [J]. 城市规划，1999(2): 44−46.

[128] 高树军. 特色小城镇建设发展研究——以青岛海青茶园小镇为例 [J]. 农业经济问题，2017，38(3): 16−18.

[129] 王博雅，张车伟，蔡翼飞. 特色小镇的定位与功能再认识——城乡融合发展的重要载体 [J]. 北京师范大学学报：社会科学版，2020(1): 140−147.

[130] 王玉虎，张娟. 乡村振兴战略下的县域城镇化发展再认识 [J]. 城

市发展研究，2018，25(5)：1-6.
[131] 武前波，徐伟. 新时期传统小城镇向特色小镇转型的理论逻辑 [J]. 经济地理，2018，38(2)：82-89.
[132] 李柏文，曾博伟，宋红梅. 特色小城镇的形成动因及其发展规律 [J]. 北京联合大学学报：人文社会科学版，2017，15(2)：36-40.
[133] 史云贵. 当前我国特色小镇的功能与路径创新 [J]. 国家治理，2017(14)：18-27.
[134] 张丽萍，郑庆昌. 中国特色新型城镇化与小城镇建设 [J]. 福建农林大学学报：哲学社会科学版，2013，16(2)：14-18.
[135] 许经勇. 对中国特色城镇化道路的深层思考 [J]. 经济经纬，2006(1)：101-104.
[136] 安永娜，李锦宏. 基于乡土文化重塑的乡村旅游发展模式研究——以贵州西江苗寨为例 [J]. 经济研究导刊，2019(21)：167-170.
[137] 肖远平，王伟杰. 非物质文化遗产助力乡村振兴的“西江模式”研究 [J]. 文化遗产，2019(3)：23-28.
[138] 宁丽娟. 贵州传统乡村旅游与民俗体育文化互动发展——以黔东南西江千户苗寨为例 [J]. 贵州民族研究，2015，36(8)：193-196.
[139] 陈志永，吴亚平，费广玉. 基于核心力量导向差异的贵州乡村旅游开发模式比较与剖析——以贵州天龙屯堡、郎德苗寨和西江苗寨为例 [J]. 中国农学通报，2011，27(23)：283-290.
[140] 李聪媛，刘洋洋. 国内外旅游特色小镇研究综述 [J]. 昆明理工大学学报：社会科学版. 2020(1)：116-124.
[141] 郭祥，付玉甜，丁涵. 培育特色小镇对乡村振兴的作用 [J]. 江西农业，2020(2)：125-126.
[142] 吴忠军，宁永丽. 民族乡村经济振兴的“西江模式”研究 [J]. 广西民族研究，2018，144(6)：121-127.
[143] 赵文超. 乡村振兴背景下广西特色小镇建设问题及对策研究 [J].

[170] 徐梦萍. 基于 DSR 模型的西咸新区文旅特色小镇发展分析及对策研究 [D]. 西安：陕西师范大学，2019.

[171] 成海燕. 产业集聚视角的特色小镇形成机制及绩效研究 [D]. 南京：南京农业大学，2018.

[172] 李博. 吉林省特色小镇高质量发展研究 [D]. 长春：吉林大学，2020.

[173] 张敏. 创新生态系统视角下特色小镇演化研究 [D]. 苏州：苏州大学，2018.

[174] 张延曼. 新时代中国特色城乡融合发展制度研究 [D]. 长春：吉林大学，2020.

[175] 吴雯雯. 旅游特色小镇的共生机理研究 [D]. 上海：上海师范大学，2020.

[176] 赵欣. 贵州古镇开发的同质化问题及对策研究 [D]. 贵阳：贵州大学，2019.

[177] 李骆. 旅游特色小镇成长路径及创新机理研究 [D]. 天津：天津财经大学，2019.

[178] 笪可宁. 小城镇核心竞争力及其综合评价研究 [D]. 沈阳：东北大学，2009.

[179] 高会研. 小城镇竞争力的分析评价研究 [D]. 北京：华北电力大学(北京)，2006.

[180] 李小龙. 基于游客价值的公共资源类旅游景区的核心竞争力研究 [D]. 长沙：湖南师范大学，2010.

[181] 孟祥伟. 旅游产业核心竞争力与区域经济发展 [D]. 天津：河北工业大学，2010.

[182] 高会研. 小城镇竞争力的分析评价研究 [D]. 北京：华北电力大学(北京)，2006.

[183] 王惠建. 旅游主题公园核心竞争力的识别和培育研究 [D]. 湘潭：湘潭大学，2003.

[184] 袁金明. 基于价值链理论的湖南省森林旅游产业研究 [D]. 韶山：中南林业科技大学，2007.

[185] 李野萍. 民族地区旅游小城镇发展路径研究 [D]. 武汉：中南民族大学，2013.

[186] 杨建翠. 川西民族地区旅游业推进城镇化研究 [D]. 成都：西南民族大学，2012.

[187] 谢燕娜. 西部民族地区旅游资源开发格局优化研究 [D]. 陕西：西北师范大学，2010.

[188] 邓敏. 民族地区乡村旅游发展研究 [D]. 桂林：广西师范大学，2007.

[189] 杨嘉怡. 旅游特色小镇的营销策略研究 [D]. 北京：中央民族大学，2019.

[190] 滕英巧. 基于感知影响力的传统文化产业生态特色小镇的研究 [D]. 北京：北京邮电大学，2018.

[191] 廖永伦. 基于农村就地城镇化视角的小城镇发展研究 [D]. 北京：清华大学，2016.

[192] 陈传康. 中国少数民族城镇化问题研究 [D]. 北京：中共中央党校，2016.

[193] 华雪莹. 全域旅游导向下黔东南地区旅游型小城镇发展策略研究 [D]. 苏州：苏州科技大学，2019.

[194] 林玲. 桂北民族地区旅游小城镇可持续发展研究 [D]. 武汉：中国地质大学，2021.

[195] 王彬汕. 川西民族地区旅游小城镇规划研究 [D]. 北京：清华大学，2010.

[196] 张江峰. 岷江上游民族地区旅游小城镇研究 [D]. 成都：西南民族大学，2020.

附录1　住建部等部门发布的关于特色小（城）镇文件

序号	文件名称	文号	发文单位	发布时间	主要目标或内容
1	住房城乡建设部 国家发展改革委 财政部 关于开展特色小镇培育工作的通知	建村〔2016〕147号	中华人民共和国住房和城乡建设部、中华人民共和国国家发展和改革委员会、中华人民共和国财政部	2016/7/1	到2020年，培育1000个左右各具特色、富有活力的休闲旅游、商贸物流、现代制造、教育科技、传统文化、美丽宜居等特色小镇，引领带动全国小城镇建设，不断提高建设水平和发展质量
2	关于做好2016年特色小镇推荐工作的通知	建村建函〔2016〕71号	中华人民共和国住房和城乡建设部村镇建设司	2016/8/3	推荐近5年应无重大安全生产事故、重大环境污染、重大生态破坏、重大群体性社会事件、历史文化遗存破坏现象的特色小镇进入候选
3	住房城乡建设部关于公布第一批中国特色小镇名单的通知	建村〔2016〕221号	中华人民共和国住房和城乡建设部	2016/10/11	认定北京市房山区长沟镇等127个镇为第一批中国特色小镇

续表

序号	文件名称	文号	发文单位	发布时间	主要目标或内容
4	住房城乡建设部办公厅关于做好第二批全国特色小镇推荐工作的通知	建办村函〔2017〕357号	中华人民共和国住房和城乡建设部办公厅	2017/5/26	推荐的特色小镇应符合建村〔2016〕147号文件规定的培育要求，并加上一些具体限定条件
5	住房城乡建设部关于保持和彰显特色小镇特色若干问题的通知	建村〔2017〕144号	中华人民共和国住房和城乡建设部	2017/7/7	特色小镇培育尚处于起步阶段，各地要坚持按照绿色发展的要求，有序推进特色小镇的规划建设发展。一、尊重小镇现有格局、不盲目拆老街区；二、保持小镇宜居尺度、不盲目盖高楼；三、传承小镇传统文化、不盲目搬袭外来文化
6	住房城乡建设部关于公布第二批全国特色小镇名单的通知	建村〔2017〕178号	中华人民共和国住房和城乡建设部	2017/8/22	公布认定北京市怀柔区雁栖镇等276个镇为第二批全国特色小镇
7	关于规范推进特色小镇和特色小城镇建设的若干意见	无	国家发展改革委、国土资源部、环境保护部、住房城乡建设部	2017/12/4	坚持五项原则，准确把握特色小镇内涵，遵循城镇化发展规律，注重打造鲜明特色，有效推进“三生融合”，厘清政府与市场边界，实行创建达标制，严防政府债务风险，严控房地产化倾向，严格节约集约用地，严守生态保护红线

续表

序号	文件名称	文号	发文单位	发布时间	主要目标或内容
8	关于建立特色小镇和特色小城镇高质量发展机制的通知	发改办规划〔2018〕1041号	国家发展改革委办公厅	2018/8/30	一、确立五个基本原则；二、建立规范纠偏机制；三、建立典型引路机制；四、建立服务支撑机制
9	国家发展改革委办公厅关于公布特色小镇典型经验和警示案例的通知	发改办规划〔2020〕481号	国家发展改革委办公厅	2020/6/26	一、推广来自20个精品特色小镇的“第二轮全国特色小镇典型经验；二、认真鉴戒警示案例，严防触碰底线红线；三、落实监督管理责任，统筹推进典型示范和规范纠偏

附录2　国家级特色小城镇当地居民访谈提纲

访谈人职业：______________________________

年龄：______________________________

性别：______________________________

1. 您是否知道 ×× 镇是国家级特色小镇？通过什么形式知道的？（政府宣传还是生活中感受到的？）

____

2. 建设特色小镇对您的日常生活有没有影响？

（居民数量、镇容建设、交通出行）

如：

（1）小镇人流量增加

（2）生态环境变好

（3）交通设施建设改善

（4）游客增加，物价上涨

（5）其他方面

____

3. 家庭主要收入来源是什么？

____

4. 相较未被确定特色小镇前，小镇建设对你的收入有什么影响？

减小 50%

减少 25%～50%

没有明显变化？增加或减少？

____

5. 现在一年平均收入多少？主要是靠什么？一般旺季在什么时间？淡季时主要有哪些收入来源？

____

6. 你个人对特色小城镇建设是反对还是支持？理由是什么？

____

7. 当前特色小城镇建设还有哪些要改善和完善的地方？

____

8. 希望政府增加哪些惠民政策或行动？

____

附录3　国家级特色小城镇游客访谈

访谈时间：________________________________

访谈地点：________________________________

访谈对象：________________________________

问：请问你来自哪里？是第几次来 ×× 特色小城镇？

答：________________________________

问：通过什么途径知道 ×× 特色小城镇的？

答：________________________________

问：你觉得来 ×× 特色小城镇交通方便吗？

答：________________________________

问：你对 ×× 特色小城镇公共卫生环境满意吗？公共休闲场所满意吗？

答：________________________________

问：你在 ×× 特色小城镇感受到最大特色是什么？

答：________________________________

问：你认为 ×× 特色小城镇物价如何？

答：________________________________

问：你购买了什么特色产品吗？你觉得价位如何？

答：________________________________

问：你认为当地民族文化资源开发如何？生态环境保护做得怎么样？

答：____

问：如果有机会，你下次还愿意来 ×× 特色小城镇吗？会向朋友宣传吗？

答：____

谢谢您的配合！

附录4　国家级特色小城镇建设指挥部或镇政府访谈

1. 自2016年特色小镇获批后，针对如下方面开展了哪些工作？取得的成效？遇到的困难有哪些？存在的问题？

政策支持方面：______________________________

规划布局方面：______________________________

建设资金方面：______________________________

运营管理方面（品牌知名度、官网、官微信公众号、官微博）：

____

基础设施方面：______________________________

人力方面：______________________________

产业发展方面：______________________________

文化保护和传播方面：______________________________

吸纳当地人员就业方面（当地就业人员比占？从业人员月收入？）：

____

生态环境改善：______________________________

智慧景区建设：______________________________

创新潜能（科研院校合作、产业融合发展、名优特产品）：__________

____

2. 自2016年获批后，何时开始筹建，在建设过程中感觉最困难的是什么？如何解决？给当地 GDP 增长带来何影响？

---

3. 特色小镇建设也是为了拉动当地经济吗？建设现在开始见成效了吗？有回报吗？

---

4. 对县域经济的引领和推动体现在哪？

---

5. 发展目标、发展重点是什么？

---

6. 与发达地区相比自感有哪些优势和劣势？对民族地区特色小镇建设的希望和建议？

附录5　广西桂林市恭城瑶族自治县莲花镇特色小镇问卷调查表

尊敬的女士 / 先生：

感谢您参与本次调查。本次调查主要是对民族地区特色小城镇核心竞争力进行研究。问卷中没有正确或错误的答案。本研究收集的资料完全保密。本次调查的结果仅用于学术研究，而非商业用途。请在相应选项下打“√”或填写。

一、个人基本信息

1. 您的性别：□ A. 男　□ B. 女

2. 您的民族：________________________________

3. 您是？

　□ A. 当地居民　□ B. 游客　□ C. 政府管理人员

　□ D. 规划专家等　□ E. 其他

4. 您所住区域：□省　□市　□区 / 县　□镇

5. 您的年龄？

　□ A. 20 以下　□ B. 20～29　□ C. 30～39

　□ D. 40～49　□ E. 50～59　□ F. 60 以上

6. 您的学历？

　□ A. 高中及以下　□ B. 大专　□ C. 大学　□ D. 研究生

7. 您的月收入？

☐ A. 3000 元及以下　　☐ B. 3001～5000 元

☐ C. 5001～8000 元　　☐ D. 8000 元以上

二、调查内容

8. 您对桂林市恭城瑶族自治县莲花镇（国家首批特色小镇）的知晓程度（　　）

A. 完全知晓　　B. 知晓　　C. 比较知晓　　D. 一般　　E. 不知晓

9. 您对桂林市恭城瑶族自治县莲花镇（国家首批特色小镇）建设规划的了解程度（　　）

A. 很了解　　B. 了解　　C. 比较了解　　D. 一般　　E. 不了解

10. 您认为桂林市恭城瑶族自治县莲花镇（国家首批特色小镇）建设规划布局的完善程度（　　）

A. 很完善　　B. 完善　　C. 比较完善　　D. 一般　　E. 不完善

11. 您认为桂林市恭城瑶族自治县莲花镇（国家首批特色小镇）的交通便利程度（　　）

A. 很便利　　B. 便利　　C. 比较便利　　D. 一般　　E. 不便利

12. 您认为桂林市恭城瑶族自治县莲花镇（国家首批特色小镇）的交通设施建设质量（　　）

A. 很好　　B. 好　　C. 比较好　　D. 一般　　E. 不好

13. 您认为桂林市恭城瑶族自治县莲花镇（国家首批特色小镇）的公共休闲游憩设施的完备程度（　　）

A. 很完备　　B. 完备　　C. 比较完备　　D. 一般　　E. 不完备

14. 您认为桂林市恭城瑶族自治县莲花镇（国家首批特色小镇）的建设项目与特色小镇景观协调程度（　　）

A. 很协调　　B. 协调　　C. 比较协调　　D. 一般　　E. 不协调

15. 您认为桂林市恭城瑶族自治县莲花镇（国家首批特色小镇）民族文化资源的丰裕程度（　　）

A. 很丰裕　　B. 丰裕　　C. 比较丰裕　　D. 一般　　E. 不丰裕

16. 您认为桂林市恭城瑶族自治县莲花镇（国家首批特色小镇）在建设过程中对民族文化的保护力度（　　）

A. 很强　　B. 强　　C. 比较强　　D. 一般　　E. 不强

17. 您认为桂林市恭城瑶族自治县莲花镇的特色小镇在建设过程中对民族文化元素的运用程度（　　）

A. 很好　　B. 好　　C. 比较好　　D. 一般　　E. 不好

18. 您认为桂林市恭城瑶族自治县莲花镇（国家首批特色小镇）对生态环境的保护力度（　　）

A. 很强　　B. 强　　C. 比较强　　D. 一般　　E. 不强

19. 您认为桂林市恭城瑶族自治县莲花镇（国家首批特色小镇）的环境卫生状况（　　）

A. 很好　　B. 好　　C. 比较好　　D. 一般　　E. 差

20. 您认为桂林市恭城瑶族自治县莲花镇（国家首批特色小镇）景观的奇特程度（　　）

A. 很奇特　　B. 奇特　　C. 比较奇特　　D. 一般　　E. 不奇特

21. 您认为桂林市恭城瑶族自治县莲花镇（国家首批特色小镇）景观的原真程度（　　）

A. 很明显　　B. 明显　　C. 比较明显　　D. 一般　　E. 不明显

22. 您认为桂林市恭城瑶族自治县莲花镇（国家首批特色小镇）宣传标识的独特程度（　　）

A. 很独特　　B. 独特　　C. 比较独特　　D. 一般　　E. 很平淡

23. 您是否知晓桂林市恭城瑶族自治县莲花镇（国家首批特色小镇）的定位（　　）

A. 完全知晓　　B. 知晓　　C. 比较知晓　　D. 一般　　E. 不知晓

24. 您认为桂林市恭城瑶族自治县莲花镇（国家首批特色小镇）的实际建设与目标定位之间的匹配程度（　　）

A. 很匹配　　B. 匹配　　C. 比较匹配　　D. 一般　　E. 不匹配

三、意见与建议

25. 您对桂林市恭城瑶族自治县莲花镇（国家首批特色小镇）的希望和建议。

____

____

26. 您对建设民族地区特色小镇的希望和建议。

____

____

附录 6　贵州黔东南州雷山县西江镇问卷调查表

尊敬的女士 / 先生:

感谢您参与本次调查。本次调查主要是对民族地区特色小城镇核心竞争力进行研究。问卷中没有正确或错误的答案。本研究收集的资料完全保密。本次调查的结果仅用于学术研究，而非商业用途。请在相应选项下打“√”或填写。

一、个人基本信息

1. 您的性别: □ A. 男　□ B. 女

2. 您的民族: ______________________________

3. 您是?

   □ A. 当地居民　□ B. 游客　□ C. 政府管理人员

   □ D. 规划专家等　□ E. 其他

4. 您所住区域: □省　□市　□区 / 县　□镇

5. 您的年龄?

   □ A. 20 以下　□ B. 20～29　□ C. 30～39

   □ D. 40～49　□ E. 50～59　□ F. 60 以上

6. 您的学历?

   □ A. 高中及以下　□ B. 大专　□ C. 大学　□ D. 研究生

7. 您的月收入？

☐ A. 3000 元及以下　　☐ B. 3001～5000 元

☐ C. 5001～8000 元　　☐ D. 8000 元以上

二、调查内容

8. 您对贵州黔东南州雷山县西江镇（国家首批特色小镇）的知晓程度（　　）

A. 完全知晓　　B. 知晓　　C. 比较知晓　　D. 一般　　E. 不知晓

9. 您对贵州黔东南州雷山县西江镇（国家首批特色小镇）建设规划的了解程度（　　）

A. 很了解　　B. 了解　　C. 比较了解　　D. 一般　　E. 不了解

10. 您认为贵州黔东南州雷山县西江镇（国家首批特色小镇）建设规划布局的完善程度（　　）

A. 很完善　　B. 完善　　C. 比较完善　　D. 一般　　E. 不完善

11. 您认为贵州黔东南州雷山县西江镇（国家首批特色小镇）的交通便利程度（　　）

A. 很便利　　B. 便利　　C. 比较便利　　D. 一般　　E. 不便利

12. 您认为贵州黔东南州雷山县西江镇（国家首批特色小镇）的交通设施建设质量（　　）

A. 很好　　B. 好　　C. 比较好　　D. 一般　　E. 不好

13. 您认为贵州黔东南州雷山县西江镇（国家首批特色小镇）的公共休闲游憩设施的完备程度（　　）

A. 很完备　　B. 完备　　C. 比较完备　　D. 一般　　E. 不完备

14. 您认为贵州黔东南州雷山县西江镇（国家首批特色小镇）的建设项目与特色小镇景观协调程度（　　）

A. 很协调　　B. 协调　　C. 比较协调　　D. 一般　　E. 不协调

15. 您认为贵州黔东南州雷山县西江镇（国家首批特色小镇）民族文化资源的丰裕程度（　　）

A. 很丰裕 B. 丰裕 C. 比较丰裕 D. 一般 E. 不丰裕

16. 您认为贵州黔东南州雷山县西江镇（国家首批特色小镇）在建设过程中对民族文化的保护力度（ ）

A. 很强 B. 强 C. 比较强 D. 一般 E. 不强

17. 您认为贵州黔东南州雷山县西江镇的特色小镇在建设过程中对民族文化元素的运用程度（ ）

A. 很好 B. 好 C. 比较好 D. 一般 E. 不好

18. 您认为贵州黔东南州雷山县西江镇（国家首批特色小镇）对生态环境的保护力度（ ）

A. 很强 B. 强 C. 比较强 D. 一般 E. 不强

19. 您认为贵州黔东南州雷山县西江镇（国家首批特色小镇）的环境卫生状况（ ）

A. 很好 B. 好 C. 比较好 D. 一般 E. 差

20. 您认为贵州黔东南州雷山县西江镇（国家首批特色小镇）景观的奇特程度（ ）

A. 很奇特 B. 奇特 C. 比较奇特 D. 一般 E. 不奇特

21. 您认为贵州黔东南州雷山县西江镇（国家首批特色小镇）景观的原真程度（ ）

A. 很明显 B. 明显 C. 比较明显 D. 一般 E. 不明显

22. 您认为贵州黔东南州雷山县西江镇（国家首批特色小镇）宣传标识的独特程度（ ）

A. 很独特 B. 独特 C. 比较独特 D. 一般 E. 很平淡

23. 您是否知晓贵州黔东南州雷山县西江镇（国家首批特色小镇）的定位（ ）

A. 完全知晓 B. 知晓 C. 比较知晓 D. 一般 E. 不知晓

24. 您认为贵州黔东南州雷山县西江镇（国家首批特色小镇）的实际建设与目标定位之间的匹配程度（ ）

A. 很匹配 B. 匹配 C. 比较匹配 D. 一般 E. 不匹配

三、意见与建议

25. 您对贵州黔东南州雷山县西江镇（国家首批特色小城镇）的希望和建议。

____

____

26. 您对建设民族地区特色小城镇的希望和建议。

____

____

后记

特色小城镇建设是民族地区实现新型城镇化的一个系统性工程。在特色小城镇建设中，“突出特色、培育核心竞争力”已成为特色小城镇发展的普遍共识。然而，培育提升特色小城镇建设核心竞争力不是毫无章法、没有方向的。本书就是基于此，聚焦民族地区特色小城镇的核心竞争力培育，尝试从民族地区建设特色小城镇的经验中推断出普适性、科学性理论。尽管这一研究未必完善，但却是基于实地调研、问卷调查等基础上做出的一次尝试，以期为民族地区特色小城镇建设做出应有的贡献。

此拙作是根据我的博士论文初稿改编而来，亦是我的第一本著作，所以在本书稿即将付梓之际，我内心在欣喜之余还带着一丝惶恐与不安。我看着此书初稿被否定、再几易修稿、最后定稿成型，内心感慨万千。仿佛看着一个幼儿从蹒跚学步、跌跌撞撞到最后学会独立行走，欣喜不已。但我深知，书稿得以顺利完成，离不开各位前辈、家人和朋友们的鼎力相助。

首先，本书稿得以顺利完成，离不开我敬爱的博士生导师李忠斌教授的点拨和指导。受他启发，我才有将博士毕业论文初稿加以修改成书的想法，没有他的鼓励，就没有如今书稿的顺利完成。其次，感谢同门郑甘甜、李军、陈小俊、陈燕玉等对本书结构和校对上予以援手，感谢调研过程中各部门领导和朋友给予的帮助，感谢我亲爱的家人，是你们的守护与鼓励使我拥有写作的动力和信心。最后，感谢桂林旅游学院领导及同事们长期以来对我的关心与支持，感谢中国纺织出版社有限公司的编辑朋友们对本书出版的支持与帮助。同时，本书也获得广西一流学科“旅游管理”建设项目资助，在此一并感谢。

“他山之石，可以攻玉。”本书在写作过程中参考了许多他人的研究成果，大都加以明确标注，若有遗漏，敬请谅解，并对各位学术前辈、同行们致以最真诚的谢意。最后，由于本人研究水平和时间所限，本研究可能相对粗糙，对相关问题仅做了较为粗浅的思考和梳理，实地调研可能也有待深入，许多观点仅为一家之言，还缺乏有力的证据支持，许多问题也有待于进一步细化、深化。所存不足、不当之处，敬请业内专家和各位同行、读者批评指正！

刘阿丽

2022年3月28日

于桂林独秀书房